O cérebro e a anatomia da libertação

O cérebro e a anatomia da libertação

Michel Cohen
Rosa María Cohen
Stephan Sigrist
Roger Kalbermatten

Tradução
Maria de Lourdes Simões Parente
Urs Beat Schmid

1.ª edição

Publicações Civitas Solis

São Paulo–SP · 2018

 www.fundacionrosacruz.org

Traduzido do espanhol *El cérebro y la anatomia de la liberación*, 1.ª edição de 2011, e cotejado com o original alemão *Das Gehirn und die Anatomie der Befreiung*, 1.ª edição de 2010
Coordenação editorial: Vanessa Guedes
Revisão: José de Jesus, Rosângela Ferreira Carneiro, Marcus Vinicius Mesquita de Sousa e Neusa Maria Messias de Soliz
Capa: Monica Jackson
Diagramação: Marcus Vinicius Mesquita de Sousa
Desenho da capa: Infinitum
Imagens do cérebro: *Atlas der Anatomie des Menschen* © Elsevier S.L., Editora Urban & Fischer, Munique
1.ª edição, 2018 — Impresso no Brasil

Dados Internacionais de Catalogação na Publicação (CIP)
(Câmara Brasileira do Livro, SP, Brasil)

O cérebro e a anatomia da libertação / Michel Cohen ... [et al.] ; tradução Maria de Lourdes Simões Parente, Urs Beat Schmid. – 1. ed. – São Paulo : Publicações Civitas Solis, 2018.

Título original: *Das Gehirn und die Anatomie der Befreiung*
Outros autores: Rosa María Cohen, Stephan Sigrist, Roger Kalbermatten
Bibliografia
ISBN: 978-85-68910-06-1

1. Consciência 2. Física quântica 3. Metafísica I. Cohen, Michel. II. Cohen, Rosa María. III. Sigrist, Stephan. IV. Kalbermatten, Roger.

18-19206 CDD-241.1

Índices para catálogo sistemático:

1. Conhecimento da consciência : Vida espiritual 241.1
Maria Alice Ferreira – Bibliotecária – CRB-8/7964

Instituto Cultural Civitas Solis
Rua Heitor Peixoto, 58
01543-000 São Paulo – SP
(011) 3208-5550
www.civitassolis.org.br publicacoes@civitassolis.org.br

Sumário

Introdução

A época em que vivemos é emocionante. A concepção cartesiana do mundo como dualidade entre espírito e matéria, com a ideia de que corpo e alma são duas realidades vitais com existência independente uma da outra, tem sido refutada na atual encruzilhada dos tempos pela física quântica e pelas investigações do cérebro mais recentes, embora isso não signifique que tal concepção já esteja superada.

René Descartes (1596–1650), o grande filósofo, matemático e cientista francês, marcou a era do racionalismo com sua célebre averiguação: *cogito ergo sum*,[1] cunhando de forma reducionista as investigações científicas e sua intenção estritamente racional e relacionada com a forma material. Assim, restou pouco espaço às forças geradoras do espírito ou às possibilidades criadoras da alma em suas interações com a forma material. A expressão do famoso patologista R. Virchow (1821–1902), "Seccionei centenas de cadáveres; almas, porém, não

[1] Expressão latina: penso, logo existo, ou: penso, portanto sou (N.E.).

encontrei nenhuma", ilustra nitidamente essa redução da vida à mera forma material.

Os resultados da física quântica, tanto no âmbito da astrofísica como no mundo das partículas menores, tornam evidentes, com clareza, as inter-relações existentes entre as realidades materiais e espirituais.

Segundo esses estudos, a dualidade já não existe, mas somente uma complementariedade, uma unidade que se complementa. Em um nível vibratório superior, as manifestações duais da realidade no espaço-tempo são conduzidas a uma unidade, que acolhe toda a parcialidade.

Assim, entrementes, ficou evidente que não existe separação alguma entre espírito e matéria.

No mundo quântico não existe a polaridade "ou isto ou aquilo" de elementos mutuamente excludentes. O que se observa é um comportamento complementar e condicionante, que poderia ser definido como "tanto assim como de outro modo". A luz pode comportar-se ora como onda, ora como partícula (fóton). A decisão sobre a forma de atuação da luz é tomada pela consciência que observa e avalia.

Também o cérebro humano trabalha de forma quântica. Do universo quântico, do "mar de todas as possibilidades", a consciência humana acessa a informação à qual se abriu, ao concentrar-se em uma pergunta ou por impulsos da vontade, e utiliza o cérebro com suas complexas possibilidades a fim de levar o organismo, com todas as suas partes integrantes, a um comportamento adequado.

Assim, as ideias concretizam-se em realidades. A dimensão das ideias é integral, isto é, universal, por situar-se além do espaço e do tempo e, por isso, além da causalidade também. A concretização da ideia realiza-se no mundo dos fenômenos, no espaço-tempo, onde nos deparamos com o parcial, com a divisão (espaço) e a diferenciação em aspectos isolados, que se encontram em aparente contradição e se alternam reciprocamente (tempo).

A qualidade das informações recuperadas do universo quântico corresponde à qualidade da consciência e é o resultado de processos de ressonância, o resultado de unissonâncias na chave vibratória.

O impulso da consciência leva a ideia universal a um processo de diferenciação. A ideia permanece indivisa, sendo, em princípio, imanente. Ao converter-se em determinada forma, desenvolve-se parcialmente, de modo a percebermos somente determinado aspecto que corresponde à aparência exterior. Portanto, a ideia original é indivisa, embora germinal, ainda imanente. Vivemos assim em um universo holográfico, no qual cada uma de suas partículas contém a informação em toda a sua plenitude.

Por isso os místicos diziam, por experiência própria: "o espírito onipresente e atemporal está em tudo".

Deparamo-nos atualmente com o maravilhoso fenômeno de que as analogias — por meio das quais as experiências espirituais e científicas se complementam entre si, sendo, portanto, transferíveis — tornam-se um livro aberto para a busca de conhecimento. Hoje já é possível falar-se de complementariedade da mística e da física.

A consciência humana percorreu todos os escalões da evolução em seu desenvolvimento, desde o estado mineral, passando pelo vegetal e o animal, até chegar à atual personalidade humana consciente de si mesma.

Somos, por assim dizer, o compêndio da criação. A consciência atua de forma criadora. Graças às experiências da mística e da ciência moderna, isso pode ser considerado hoje como conhecimento basilar. A consciência é codeterminante do destino individual e coletivo e das condições do campo vital, porque a totalidade da consciência humana representa um campo quântico holográfico.

Paralelamente à crescente complexidade da consciência humana, também o desenvolvimento do cérebro, mediante o qual a consciência dirige a vida, foi-se adaptando a uma diferenciação mais elevada.

O cérebro pode ser considerado a matriz material onde a consciência grava sua biografia. Contudo, na formação material do cérebro também é possível intuir, ao mesmo tempo, o manuscrito do espírito que nos uniu potencialmente à ideia arquetípica de um homem perfeito "à nossa imagem, como nossa semelhança",[2] tratando-se de uma potencialidade a ser desenvolvida. Se aprendermos a ler essa "assinatura" na manifestação material das estruturas cerebrais humanas, poderemos compreender que existem inimagináveis espirais de

[2] Cf. Gênesis 1:26.

consciência ainda abertas para nós e veremos um caminho já traçado, no qual o espírito adentra a matéria e nela se desenvolve. A ideia arquetípica abre caminho até a anatomia.

Na juventude defendi minha tese de doutorado no Instituto Max Planck de Investigação Cerebral de Frankfurt, onde tive o privilégio de conhecer o famoso pesquisador do cérebro, professor Spatz. Durante um congresso, ele mostrou aos estudantes, com base na configuração óssea do crânio, que o desenvolvimento do cérebro humano está concluído em relação aos requisitos biológicos e à decorrente capacidade autônoma de decisão, na qual também há espaço para as necessidades éticas. Em seguida, acrescentou em voz baixa e com certo tom de interrogação: "Na minha opinião, esse fato parece ser, ao mesmo tempo, um postulado para nós, seres humanos, no sentido de uma espiral evolutiva superior que exigiria um crescimento espiritual da consciência".

Esse comentário, vindo de um cientista comprometido e de elevada ética, causou profunda impressão em minha alma e provocou uma ressonância que me tem acompanhado ao longo da vida.

Com gratidão vivenciamos hoje que a nefasta separação entre consciência e forma material também pode ser superada em nós, e que, assim, também é possível reconhecer na manifestação da forma do cérebro a letra direta do espírito criador.

Estimulados por esses conhecimentos, nós podemos admitir um desenvolvimento da consciência que irá culminar em uma nova criação, na qual a ideia arquetípica se manifesta plenamente. A consequência será uma nova forma espírito-alma-corpo.

Dra. Dagmar Maria Uecker

Matéria e consciência

Michel Cohen

Porque os orientais escolheram a flor de lótus como símbolo do renascimento? Sem sombra de dúvida porque o lótus, em sua radiante pureza, emerge misteriosamente das águas turvas e lamacentas das lagoas. Por que o caminho de iniciação, gravado nas pedras da Grande Pirâmide, começa com a descida à câmara subterrânea, antes de elevar-se à câmara da rainha e ao sarcófago aberto na câmara do rei? Indubitavelmente porque o oculto no subconsciente deve antes ser trazido à luz. Essas imagens são como parábolas que podem ser explicadas evocando-se as seguintes frases da Tábua Esmeraldina:

> *Separa, com grande amor e profunda visão interna e sabedoria, a terra do fogo, o que é delicado do que é duro, denso e solidificado.*

Para que o superior possa ser acessível, em amplo sentido, algo tem de desaparecer, algo deve dissolver-se. A base sobre a qual tecemos nossas considerações é o axioma hermético: "Tudo receber, tudo abandonar e, assim, tudo renovar". A ação de "tudo abandonar" é a chave, o coração do caminho; é o *sadhana*[1] hindu; a luta de Gautama, o Buda, contra Mara; o *solve et coagula*[2] dos alquimistas.

Não deve causar estranheza se nos referimos às profundezas lodosas do ser, comparando a lama das lagoas aos prejudiciais miasmas do inconsciente. Antes de poder vislumbrar o claro brilho do amanhecer, antes que qualquer ideia de renascimento possa adquirir sentido, a noção de uma purificação no mais elevado sentido deve ganhar espaço na consciência, como condição necessária.

Pode parecer que esta introdução nos afaste do tema, mas em realidade é ela que lhe dá certa perspectiva. Pois, independentemente dos temas que tratemos nestes trabalhos, sempre será sob a perspectiva de que deve haver um caminho de transformação. Esse caminho conduz da escuridão à luz. É uma senda de conhecimento e de mudança.

Gostaríamos de começar revisando alguns conceitos, antes de passar a uma análise mais concreta do nosso objeto. Faremos isso tendo em conta que, em seguida, começaremos a falar de processos anatômicos e fisiológicos. Eles incluem transformações que não

---

[1] Termo sânscrito da tradição iogue cujo significado literal é "o meio de obter sucesso" ou "o meio de realizar algo". Refere-se a qualquer prática ou exercício espiritual (N.E.).

[2] Expressão latina: dissolve e coagula (liga). Princípio alquímico sobre as transformações (N.E.).

conseguiremos compreender sem uma noção bastante clara das razões que possibilitam tais processos. Elas baseiam-se em transformações da matéria e da consciência. Consequentemente, devemos ter uma ideia clara e ampla do que são matéria e consciência.

Contradições atuais

Quando analisamos o que é matéria, deparamo-nos com um contrassenso. Este surge ao contrapor os fatos da física clássica, que explica bem o mundo com que lidamos diariamente, às leis do infinitamente pequeno.

Quando a física penetra no mundo do infinitamente pequeno e, ao fazê-lo, coloca à prova as leis da física clássica do mundo que experimentamos, elas não funcionam. As leis que regem a matéria no plano do mundo subatômico não são as mesmas que governam o mundo macroscópico. No entanto, trata-se, de fato, da mesma matéria.

Temos dois tipos diferentes de experiências que se contrapõem e não podem ser explicados pela mesma lei. No mundo do infinitamente pequeno, muitos acontecimentos parecem incompreensíveis e paradoxais se comparados com a realidade cotidiana. Alguns experimentos mostram-nos, por exemplo, que a luz se comporta tanto como onda como partícula, porém nunca as duas coisas ao mesmo tempo. Depende do que se queira comprovar. Se a busca é por uma onda, então a luz será uma onda. Se a busca é por uma partícula, a luz será uma partícula. Essas propriedades da luz e da matéria foram estabelecidas de 1800 a 1927, quando Heisenberg formulou o seu princípio da incerteza. Segundo esse princípio, é impossível determinar, ao mesmo tempo e de forma precisa, a posição e a velocidade de uma partícula.

Isso vai de encontro ao determinismo de Newton e de seu "universo de relojoeiro", onde, por princípio, tudo é previsível. Outro acontecimento, por exemplo, é que sinais podem propagar-se instantaneamente por todo o universo, inclusive além de vários anos-luz.

A questão poderia ser formulada de outro modo: por que os objetos que utilizamos e os seres vivos também não se comportam como átomos, elétrons e outras partículas elementares que são seus constituintes? Encontramo-nos, portanto, ante um paradoxo que devemos solucionar.

Poderíamos perguntar-nos: O mundo que percebemos é uma ilusão? A percepção que tenho do mundo parece objetiva, pois sou consciente disso. Mas também averiguo que existem muitas situações totalmente estranhas para mim: o estado de consciência de um esquizofrênico, a experiência mística de uma Teresa de Ávila, a capacidade, cabalmente comprovada, que muitas pessoas têm de fazer predições, a percepção de um daltônico que vê o mundo em duas cores, as experiências extracorpóreas que milhares de pessoas conhecem, a influência a que se submete uma pessoa sob os efeitos da hipnose, etc.

Todas essas situações levam-me a concluir que a consciência que tenho do mundo, de repente, me parece menos universal, e as experiências que faço com isso me parecem menos seguras.

Com base no exposto e no que seguiremos aprofundando, se a matéria de que o mundo é formado se desfaz entre minhas mãos, então posso inclusive questionar-me se não estou sendo enganado por meu cérebro. Pois não é o cérebro que processa o que os sentidos captam e, precisamente por isso, estabelece os limites da consciência?

No âmbito desse tema, o que nos interessa é saber que relação o ser humano pode ter com o mundo espiritual, de que natureza é uma experiência espiritual, como a consciência humana pode percebê-la e que papel desempenha o organismo humano — e muito especialmente o cérebro — nessa experiência.

Ao longo de quatro capítulos, tentaremos mostrar os fundamentos de tal experiência, sua espécie e seus limites, tanto no plano fisiológico e anatômico, como mediante o simbolismo da alquimia.

Por último, trataremos da seguinte questão: existe um estado de consciência que seja um sinônimo de liberdade, de realização espiritual?

E, se esse é o caso, qual é seu fundamento físico?

Relacionamos entre si matéria e consciência para esclarecer a dependência real de uma para com a outra.

Assim, alguns afirmam que a consciência é um fenômeno da matéria.

Outros, pelo contrário, reforçam a dualidade entre matéria e espírito; para eles, a consciência já é uma expressão do espírito.

Por isso, propomos novamente as duas questões:

1. O que é matéria?
2. O que é consciência?

O que é matéria?

Em geral, imaginamos a matéria como uma substância em forma sólida, líquida ou gasosa. Se nos perguntarmos o que é matéria, estaremos perguntando de que são feitas as coisas com que nos deparamos em nossas experiências.

Dediquemo-nos um pouco à história. Primeiro se disse que o menor componente da matéria era o átomo. Encontramos a base dessa ideia entre os antigos gregos. A indivisibilidade do átomo permitiu diferenciar o universo daquilo de que era formado: existem objetos reais e um espaço vazio, onde nos deparamos com eles. Perdurou por muito tempo essa ideia de que a matéria é divisível até ser atingida a última de suas partes.

No fim do século XIX, porém, questionou-se o conceito do átomo como partícula indivisível. Os experimentos de descargas elétricas em gases diluídos levaram ao descobrimento de partículas muito leves, carregadas de eletricidade, os elétrons. Assim, chegou-se finalmente ao modelo atômico de Rutherford, que equipara a estrutura do átomo a um sistema planetário, representando a matéria como uma ordenação de elétrons e núcleos atômicos.

Trata-se aqui da primeira ruptura com a ideia de átomo como unidade indivisível da matéria. No entanto, a história da física não acaba nesse ponto. Ao ser descoberta a existência de numerosas partículas, definidas como partículas elementares, e uma vez identificados seus tipos e suas qualidades, a matéria deixou de ser considerada a pedra de construção fundamental, considerando-se como tal muito mais as energias presentes no universo. Tinha-se mais em conta as interações das energias que modelam os objetos do que os próprios objetos. Assim, questionou-se o ponto de vista original, segundo o qual a matéria se refere a algo concreto. A dissolução definitiva da ideia de matéria veio da parte da teoria da relatividade e da teoria quântica.

Na física clássica, a massa de um corpo sempre era vinculada a uma substância material indestrutível. A teoria da relatividade mostrou que a massa não tem nada a ver com substância, mas que é uma forma de energia. Matéria e energia estão unidas entre si mediante a famosa fórmula $E = mc^2$.

Com o novo enfoque da física, as denominações clássicas de partículas elementares, substância material ou objeto isolado perderam sua importância. Já não se fala de coisas, senão de campos energéticos.

A teoria quântica descreve um mundo estranho, onde se descobre que a matéria que forma todo o universo e parece estar bem localizada no espaço na realidade está "espalhada" em algum lugar. Pontos de referência como "aqui" e "lá", que pelos nossos padrões parecem tão claros, perdem todo o significado no mundo subatômico. Matéria e espaço formam uma mesma e única realidade. Assim, a matéria mostra-se muito menos "material" do que a ciência acreditava antigamente.

Em sua história, a física foi-se distanciando da ideia de uma substância material. Primeiro, ao descobrir partículas cada vez menores, depois, ao não encontrar outra coisa que não fosse energia, e, finalmente, ao considerar as formações de matéria como campos de formas que surgem de um campo fundamental e homogêneo com a característica de vazio.

Segundo escalas atômicas, o que se chama de "vazio" é algo totalmente diferente do que estamos acostumados: de fato, o vácuo simplesmente não existe. Ele é o palco de uma movimentação permanente em que partículas e antipartículas surgem e tornam a dissolver-se rapidamente.

No linguajar dos físicos, o espaço converte-se em uma espécie de "efervescência quântica", onde podem surgir partículas virtuais do vazio, para em seguida voltarem a diluir-se. Esse vácuo está em contínua vibração, na forma de energia e onda.

Segundo parecer do físico Paul Dirac, nos anos vintes do século passado, o que chamamos de vazio é, na realidade, um mar de partículas invisíveis não manifestadas, ou seja, partículas que permanecem em estado virtual. Isso corresponde ao ponto de vista da física moderna de que, mais além das estruturas observáveis no plano macroscópico, existe algo como um "murmúrio de flutuações do vácuo" e que esse "murmúrio quântico" provavelmente seja a origem do universo manifestado.

Por isso, o vazio físico não é um puro nada, porque contém as possibilidades de todas as partículas. O vazio é um campo unificado onipresente, de onde surgem as partículas que estruturam em grande medida o universo manifestado.

Como todos os fenômenos físicos são sobretudo modificações dentro de um campo onde tudo está unido entre si, a separação entre sujeito e objeto, que aplicamos na realidade cotidiana, torna-se pura ficção. Experimentos demonstraram que cada uma das partículas entrelaçadas quanticamente tem informação instantânea sobre o estado da outra, mesmo que se encontrem separadas por longas distâncias. É indubitável que no nível quântico da matéria existe uma relação recíproca infindável entre os acontecimentos. A teoria quântica destrói a crença na existência de uma matéria em si mesma, completamente separada do sujeito que a percebe. O que a física descreve como "campo energético da matéria" não tem existência independente do procedimento do observador que o analisa. Portanto, a trama dos acontecimentos somente existe para um observador. O observador, a observação e o que é observado constituem um todo inseparável.

O que a física quântica nos transmite atualmente é crucial. Ela nos diz, nem mais nem menos, que o mundo se apresenta a nós de acordo com nosso estado de consciência. É preciso compreender que a matéria, assim como a percebemos com os cinco sentidos, não tem relação com o que ela é na realidade. Se as leis do mundo subatômico parecem diferir tanto do universo visível, essa é uma evidência de que é a consciência humana que constrói o nosso mundo. Mas, ao fazê-lo, ela é limitada por sua capacidade de percepção, pois a consciência capta somente parte da realidade. O campo experimental da física quântica não é irreal, é a consciência humana que simplesmente não tem acesso a ele.

Assim, o paradoxo da existência de duas realidades parece resolvido, ainda que nos coloque perante um problema não menos relevante: o da objetividade da consciência humana.

O que é consciência?

Agora colocamos a seguinte questão: O que é consciência? A consciência liga-nos diretamente com o mundo. É a sensação de ser você mesmo, diferente daquilo que "está fora de você mesmo". É a certeza direta de ser uma entidade única e especial. A consciência é a capacidade de impor-se como "eu". Porém, logo veremos que a consciência, no sentido absoluto, não pode ser reduzida a uma simples definição.

Não obstante, pode-se falar de diferentes estados de consciência e de diferentes níveis de consciência.

Gostaríamos de tecer nossas considerações com base em uma série de perguntas:

- Qual é a base física da consciência?
- A consciência habita fora do corpo?
- O que significa o fato de existirem diferentes estados de consciência?
- O estado de consciência pode ser modificado?
- Por que meios tomamos consciência do mundo exterior?
- A denominada experiência "espiritual" é consequência de um estado de consciência modificado?

Geralmente o cérebro é considerado o substrato físico que permite a integração dos fenômenos conscientes, o que ninguém parece questionar. Porém, se quisermos responder à primeira pergunta: "o que é a consciência, ou de que natureza é a consciência?", então existem, *grosso modo,* duas concepções. Por um lado, uma visão monista, e, por outro lado, uma visão dualista da relação entre matéria e espírito. Na primeira corrente encontramos principalmente os cientistas, na segunda, mais os filósofos.

A primeira corrente fortaleceu-se extraordinariamente com o desenvolvimento da neurociência e de suas técnicas de imagens médicas. Essa corrente define-se como reducionista e tende a ver todos os processos mentais como produtos do cérebro.

Tal tendência pode ser ilustrada mediante a citação de J.G. Cabanis: "O cérebro secreta o pensamento, do mesmo modo que o fígado secreta a bílis". No entanto, cabe mencionar que o tratado do qual ela consta é de 1802. Newton, por outro lado, escreveu: "O espírito nasce no cérebro e, por meio de um 'mecanismo de vibração', viaja ao longo dos nervos sob o controle da vontade".

Na atualidade, entre os especialistas em citologia (biologia celular) predomina a orientação reducionista, que considera qualquer atividade mental, qualquer consciência como resultado de uma atividade físico-química do cérebro. Podemos citar, por exemplo, Francis Crick:[3] "Suas alegrias e suas tristezas, suas memórias e suas ambições, seu sentido de identidade pessoal e seu livre-arbítrio não são, de fato, mais do que o comportamento de um vasto conjunto de células nervosas e de suas correspondentes moléculas".

Esse enfoque, ainda hoje muito atual, supõe que todos os fenômenos químicos, biológicos, psicológicos, linguísticos, culturais e sociológicos são fenômenos físicos e seguem as leis básicas da física. Em especial, postula-se que as atividades mentais são processos cerebrais. Isto se opõe à visão dualista, que faz clara distinção entre matéria e espírito. Essa abordagem é encontrada, majoritariamente, entre os filósofos, mas também entre alguns cientistas, tais como John Eccles, neurofisiologista e detentor do Prêmio Nobel.

---

[3] Crick, F. *Was die Seele wirklich ist. Die naturwissenschaftliche Erforschung des Bewußtseins* (O que a alma é de verdade. A investigação científica da consciência). Munique: Artemis & Winkler, 1994.

Tentemos compreender agora como se expressa a consciência. Certamente não faremos uma dissertação sobre a consciência, porém será útil incluir alguns matizes: a consciência apresenta-se sob dois aspectos principais: a consciência objetiva e a consciência subjetiva.

A consciência orientada para os objetos ressalta a dimensão intencional da consciência, sua propriedade de fazer referência a algo, de remeter a um objeto, seja este real ou imaginário. Ela é voltada para os objetos quando estou consciente de algo, por exemplo, de meu entorno: está chovendo; de meus estados corporais: estou com frio; ou de meu estado de ânimo: quero que pare de chover. Essa consciência pode ser mais diferenciada se, por exemplo, tenho consciência de ser consciente. Nesse caso, fala-se de uma consciência voltada para o interior. Além disso, posso perceber a mim mesmo como objeto de meu pensamento. Então fala-se de autoconsciência.

A consciência voltada para um objeto é descrita relativamente bem pela neurobiologia, sendo considerada um mecanismo da bioquímica. Uma percepção sensorial, como, por exemplo, a visão, concerne a uma grande quantidade de processos fisiológicos que são bem conhecidos.

Por outro lado, a consciência subjetiva refere-se aos aspectos subjetivos e qualitativos da experiência consciente, o efeito que me causa sentir dor ou ver algo vermelho, o efeito que causa em mim o som do trompete, o perfume de rosas, o sabor do limão. Essas propriedades subjetivas somente são acessíveis por experiência própria: são privadas, inexprimíveis e incomunicáveis.

A consciência subjetiva sublima nossas diversas experiências sensoriais com seus aspectos especiais e indescritíveis. Por isso, pelos meios da neurobiologia, é mais difícil analisar a consciência subjetiva do que a consciência objetiva. De fato, a neurobiologia enfrenta dificuldades diante dos fatos da subjetividade.

A consciência subjetiva ainda é para a biologia um mundo repleto de incertezas. Ela constitui o principal obstáculo para qualquer tentativa de reduzir a consciência, de forma absoluta, a meros processos físico-químicos.

Uma visão puramente materialista da consciência é incapaz de explicar o surgimento da subjetividade no universo de fatos objetivos.

Voltando ao tema proposto, gostaríamos de apresentar indicações que esclareçam os problemas causados por uma visão materialista da consciência. Esse enfoque é incapaz de explicar a natureza subjetiva da consciência e de resolver os paradoxos da mecânica quântica. Por isso, é preciso ampliar a base teórica a que normalmente nos referimos e elucidar uma série de fatos que recaem no âmbito da tradição. Tais fatos referem-se a um campo de experiências existente em muitas culturas. Voltemo-nos ao conceito de vazio. Dizíamos que o vazio é um campo unificado onipresente, onde surgem as partículas que estruturam em grande medida o universo manifestado. Espinosa falava de *natura naturans* (natureza criadora) e de *natura naturata* (natureza criada). O físico quântico David Bohm, falecido em 1992, falava de uma ordem implícita e de uma ordem explícita ou manifesta.

A ideia de uma ordem implícita ou de uma *natura naturans* é mais que um simples conceito, pois expressa uma realidade que derruba abruptamente o muro do beco em cujo fim não víamos antes nenhuma saída. Essa realidade emerge do vazio quântico como estrutura de linhas de força, como energia matricial, que contém em si todo o potencial da vida manifestada.

Por trás do que percebemos da matéria (digamos da matéria "densa") existem realmente estados mais sutis de matéria que constituem sua matriz.

O conceito de energia matricial, que hoje numerosos físicos pressentem e engloba necessariamente estados da matéria ainda não investigados pela ciência, é conhecido há muito tempo por uma corrente do saber que poderíamos denominar de "a grande tradição" e que faz parte de um "ensinamento universal".

A tradição fala de matéria etérica, de matéria astral e de matéria mental. Na realidade, cada átomo material é penetrado por um átomo de tipo etérico que lhe dá vida e movimento. Ele também serve como suporte à vida emocional e à vida mental.

Não trataremos aqui o tema em profundidade, pois é muito amplo. Somente queremos mencionar que existem quatro tipos de éteres, a saber: éter químico, éter vital, éter luminoso e éter refletor. Como eles existem em três estados vibratórios, são, de fato, doze variedades de éteres. Podemos falar, portanto, de uma corrente viva duodécupla, de onde surge tudo o que foi criado. Quando a matéria se organiza, sempre estão implicados um ou vários desses éteres.

Em relação ao corpo humano, esses quatro éteres realizam seu trabalho em cada parte do organismo vivo, porém cada um tem uma tarefa especial. O éter químico é o canal por onde circulam as forças que edificam e nutrem o corpo. O éter vital desperta as atividades do crescimento e da reprodução.

O éter químico e o éter vital, os dois éteres "inferiores", configuram o "corpo vital", que age como matriz, de forma similar a uma rede ou uma grade energética que une os átomos do corpo material em um organismo vivo.

O éter luminoso é o canal pelo qual circulam as forças cósmicas associadas à luz solar, à cor e ao calor. O sistema nervoso é seu campo de ação especial, tanto o voluntário (somático) como o autônomo. O éter luminoso é a fortaleza da consciência, pois é a sede de todas as impressões sensoriais, tanto no âmbito da escala normal de reconhecimento dos cinco sentidos, como acima e abaixo dela. O cérebro é o grande centro que recebe e coordena as conduções nervosas e organiza todas as impressões procedentes dos órgãos sensoriais "conduzidas" pelos nervos.

Se não existisse o quarto éter, o éter refletor, o ego não poderia expressar a consciência no corpo material. O éter refletor também é o meio pelo qual o pensamento exerce influência sobre o cérebro.

Assim, a consciência age como uma interface entre o corpo e o ego, que devemos considerar como sendo o espírito humano.

O fato de a consciência empregar meios de transmissão mais sutis, antes de poder expressar-se no cérebro, permite-nos compreender agora o que é a consciência subjetiva e como ela se torna possível. Em seu aspecto mais elevado, os estados etéricos de que é constituída a matéria permitem enviar ao cérebro todas as sutilezas mentais e afetivas que constituem a parte essencial da consciência.

Por meio de sua chave vibratória, a matéria que se acolhe do plano físico ou dos planos mais sutis determina o estado de consciência.

A matéria que recolhemos, mediante os órgãos do corpo físico e dos corpos sutis, flui até nós sob a forma de milhões de informações. Uma vez transformadas, essas informações alcançam finalmente o cérebro, onde geram um estado de consciência por meio do qual o espírito humano (o ego) pode expressar-se.

A consciência não é, portanto, uma característica simples, não é um objeto que se possa separar e isolar da realidade física. É um aspecto da psique sujeito a flutuações: seja por uma transformação repetitiva que leva a consciência a um estado de cristalização, seja por uma transformação criativa que oferece a ela a possibilidade de renovar-se. Esse ponto será abordado mais a fundo nos capítulos seguintes.

Agora poderemos entender melhor a natureza dos diferentes estados de consciência que conhecemos.

- o estado de vigília;
- o estado de sono profundo;
- o estado onírico.

Existe ainda um quarto estado: o estado hipnagógico. Alguns falam do estado alterado da consciência ou do estado de vigília paradoxal. Encontra-se esse quarto estado em numerosos experimentos relatados por pessoas que podem manter sua consciência de vigília nos planos mais sutis da matéria, com estados de consciência que podem ser muito variados.

É necessário diferenciar os níveis de consciência dos estados de consciência. Os níveis de consciência representam modificações quantitativas no sentido de "hiperclareza" ou de obscurecimento; de hiperclareza no sentido de revelação, iluminação, em que a consciência pode ter acesso a um discernimento cujo conteúdo escapa à razão comum; de obscurecimento, quando se trata de um eventual oclusão de origem mórbida.

Os estados de consciência (estado de vigília, de sono profundo, etc.) representam modificações qualitativas. Eles podem ser determinados por meio de critérios fenomenológicos, mediante a auto-observação subjetiva fisiológica e psicológica, e também geram consequências que podem ser observadas do exterior.

Renovação da consciência

Ao observar os conceitos de "matéria" e "consciência",

reconhecemos que ambos estão estreitamente ligados entre si, que a realidade de um atua sobre a natureza do outro e vice-versa.

Reconhecemos que matéria e consciência, do ponto de vista materialista, dão origem a paradoxos que somente podem ser resolvidos ao compreender-se que a consciência tem um campo de recepção limitado e que a realidade física se expressa em níveis mais sutis, nos quais os diversos estados de consciência surgem e se fixam.

Contudo, mesmo se ampliarmos nossos horizontes, dando à matéria uma dimensão muito mais ampla e maior variabilidade à consciência, ainda ficamos devendo a resposta à questão: existe um estado de consciência que seja sinônimo de liberdade, de realização espiritual? Para isso devemos retornar a um conceito a que nos referimos apenas superficialmente, o conceito de energia.

A energia é definida de acordo com a fonte da qual é obtida. Em si, ela é o resultado de uma transformação de um estado em outro. Assim, determinada forma de energia produz efeitos físicos; outra produz elementos vitais; uma terceira forma de energia, processos emocionais; a seguinte, fenômenos mentais; e ainda há outra, que resulta em valores espirituais. Matéria, energia e consciência são inseparáveis. A consciência está permanentemente em reciprocidade com a díade matéria/energia. Energia significa vibração. Quando a velocidade da vibração aumenta, muda a natureza dos fenômenos. A consciência adapta-se ao nível do estado de vibração da matéria que ela capta por meio dos cinco sentidos.

Até agora indicamos em que medida existe conformidade entre a matéria de que se compõe o universo e a consciência que o ser humano pode obter disso mediante seus sentidos.

Contudo, mesmo se conseguíssemos elevar a consciência, por um esforço da vontade, até os níveis onde a energia vibra infinitamente mais rápido, é preciso saber que o espírito humano (o ego), inclusive em seu aspecto mais elevado, somente pode assimilar uma forma de energia cuja fonte se encontra muito abaixo das vibrações de natureza espiritual. Aqui nos deparamos, portanto, com uma barreira estrutural que o ser humano deve aprender a superar. Felizmente essa possibilidade existe.

Até agora procuramos ajudar a dissipar a ideia, talvez ainda existente, de que algumas partes do universo manifestado pudessem estar separadas umas das outras. Nada está separado, tudo se interpenetra, tudo está conectado entre si.

A vida expressa-se mediante um metabolismo contínuo de energias que geram formas; estas tornam a dissolver-se, em maior ou menor prazo. O ser humano é uma dessas formas, e sua vida também está submetida a um processo constante de mudanças que ocorrem em todos os aspectos de seu ser, no físico, etérico, astral e mental. Dado que o espírito humano é um ego, não pode fazer outra coisa senão absorver essas energias de forma centrípeta para construir sua identidade.

Como esse processo se repete — e logo veremos por que — a consequência disso é uma cristalização da consciência.

Se, contrastando com esse metabolismo natural, quiséssemos mostrar a imagem de um processo metabólico, digamos, espiritual, deveríamos recorrer à imagem de uma força centrífuga, que atua de modo contrário ao caráter egocêntrico da natureza humana. Neste sentido, citamos o epigrama que é para nós uma das chaves mais relevantes da filosofia hermética: "Tudo receber, tudo abandonar e, assim, tudo renovar". Guardemos na memória esse "tudo abandonar", já que nos coloca de novo sobre a terra, sim, em nossa realidade.

Mediante os quatro corpos, a consciência determina os pensamentos, os desejos e a vontade, ao mesmo tempo em que depende deles. Trata-se de uma unidade quádrupla inseparável, que constitui a prisão dos sentidos; é uma prisão cuja chave são os desejos. Logo daremos mais pormenores sobre esse assunto.

Por essa razão, todas as tradições falam de purificação, e os alquimistas, de dissolução. Pois a natureza dos desejos condiciona a abertura ou fechamento da porta do coração para emanações de natureza espiritual. O coração é a porta do templo. Uma vez aberta, permite ao candidato subir a escada que leva ao ápice da "Torre do Olimpo" (mencionada em *As núpcias químicas de Christian Rosenkreuz).*

No coração humano reside o mistério de uma energia capaz de renovar sua consciência mediante um processo cuja parte mais importante é o cérebro.

O cérebro no campo de tensão de dois fogos

Dra. Rosa María Cohen
Dr. Stephan Sigrist

No fim do capítulo anterior, indicou-se que somente é possível experimentar uma realidade superior purificando-se os desejos.

No entanto, antes de aprofundar-nos no tema, tentaremos reconhecer, e com isso compreender, como a consciência humana se encontra aprisionada, sim, inclusive mais que isso: como ela é dominada por um circuito cujo único objetivo é a autoconservação.

No primeiro capítulo, procuramos aproximar-nos da realidade da consciência fundamentados em uma base conceitual. Vimos que a consciência precisa do cérebro e de suas forças etéricas como base física.

Estrutura do cérebro

Para correta compreensão, gostaríamos de recordar, primeiro, a estrutura anatômica do cérebro. Comecemos com uma breve descrição esquemática:

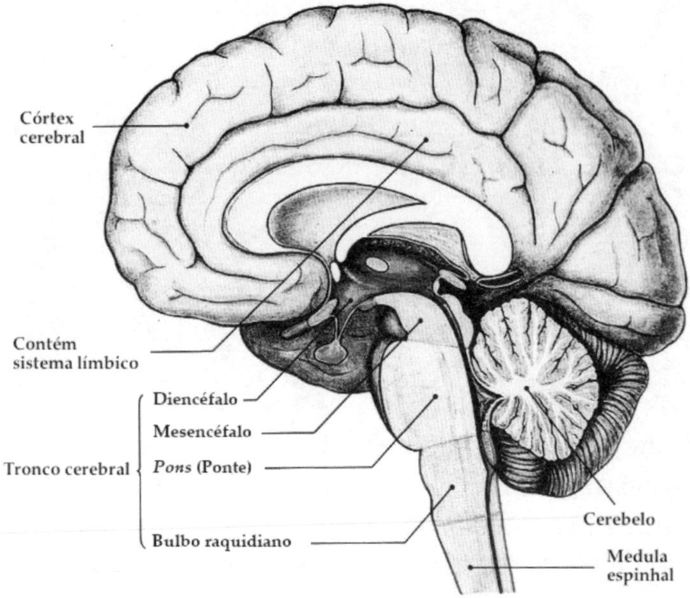

Os três níveis funcionais do encéfalo:

Córtex cerebral:	Percepções sensoriais e processos do pensamento.
Sistema límbico:	Processos emocionais.
Tronco cerebral:	Processos fisiológicos e processos inconscientes.

Distinguimos:

1. O tronco cerebral (o arcaico "cérebro reptiliano"):
   - Parte inferior do tronco cerebral: bulbo, ponte e mesencéfalo.

- O diencéfalo: epitálamo, tálamo, subtálamo e hipotálamo.

2. O sistema límbico (o cérebro mamífero).
    - Hipocampo, amígdala, fórnix cerebral, etc.
3. O córtex cerebral (neocórtex, o cérebro mais recente).

Suas funções são:

1. **Bulbo:** Controle das funções autônomas (respiração, circulação sanguínea).
   Mesencéfalo: Tegmento: controle dos movimentos simples (por exemplo, caminhar).
   Tecto (região dorsal do tronco cerebral): funções importantes para a visão, a audição, o tato, o olfato (nos primatas, controlado pelo córtex cerebral).
   Diencéfalo: Funções de sobrevivência básicas, vegetativas e autônomas (por exemplo, o hipotálamo controla a hipófise e os estados emocionais).

2. **Sistema límbico:** Controle das atividades emocionais e da memória emocional; desempenha papel importante nos sistemas nervosos autônomo e somático.

3. **Córtex cerebral:** As experiências e os exercícios se transformam para formar a memória (por exemplo, tocar piano), a percepção sensorial é refinada; é o órgão da consciência; é determinado como "órgão auxiliar" por muitos outros centros cerebrais.

O tronco cerebral

O tronco cerebral ou encefálico surgiu nos peixes há 400 milhões de anos, desenvolvendo-se nos anfíbios e répteis há cerca de 250 milhões de anos. Situa-se acima da nuca. É o cérebro que possibilita a ação e a reação. Ele é guiado pelo instinto e contém o conhecimento ancestral da espécie e uma parte do sistema involuntário. Dispõe de padrões de comportamento para casos de perigo mediante reações instintivas simples, seja a de atacar para defender-se, seja a de fugir. Garante a sobrevivência do organismo ao regular as funções vitais, como por exemplo, dormir, comer, beber, exercer atividades sexuais ou marcar o território. Tem uma memória de curto prazo e um comportamento reflexo. Se um ser permanece limitado ao tronco cerebral, não tem emoções, nem toma decisões, tudo acontece por instinto. A conclusão é que o tronco cerebral regula todas as funções autônomas importantes (digestão, respiração, circulação sanguínea, reprodução) e serve, portanto, à automanutenção e à conservação da espécie.

O sistema límbico

O sistema límbico surgiu com os mamíferos de 150 a 200 milhões de anos atrás, aproximadamente. Situa-se acima do "cérebro reptiliano", no lado interno dos dois hemisférios cerebrais. A tarefa do sistema límbico é a de administrar os afetos e as emoções, assegurando seu controle. Contém nossa afetividade, como por exemplo, preocupar-nos com os filhos, cuidar da família, etc. Ele memoriza os comportamentos agradáveis e os desagradáveis.

É o local das sensações, dos sentimentos e da aprendizagem. Não é receptivo a qualquer tipo de lógica, atua como um filtro e registra o ato vivido, que se converte em reflexo; recopila as recordações a longo prazo. Acumula os conhecimentos.

Mediante o sistema límbico somos capazes de identificar-nos com outras pessoas e avaliar o que elas esperam de nós. Ele garante a sobrevivência mediante uma boa adaptação ao ambiente social, possibilita empatia e adaptação ao grupo.

No processo de aprendizagem, o mecanismo da motivação desempenha papel importante (prazer/descontentamento, sucesso/fracasso).

O sistema límbico é mais lento que o tronco cerebral. Somos conscientes de nossas reações emocionais, mesmo que permaneçamos inconscientes de seu significado. Por isso é muito difícil realizar ali mudanças.

Os sentimentos expressam-se sem nosso controle e podem provocar reações como taquicardia, sudoração, arrepios, dores de estômago, calafrios, dores de cabeça, cãibras.

Sob sua influência, reagimos a antigas memórias sem nenhum distanciamento. Reagimos mediante um comportamento com forte carga emocional, carente de lógica.

Imaginamos sentimentos intensos, interpretamo-los e sentimo-los. Assim, eles ficam fortemente registrados. Desse modo, as experiências do passado têm enorme peso e, em determinado momento, evocam um comportamento dominado por emoções, sejam elas de aprovação ou de reprovação, conforme determinada experiência esteja associada, no passado, a uma recompensa ou a uma punição.

O sistema límbico possui interconexões com as outras duas partes do cérebro que se influenciam reciprocamente. Se uma experiência provoca um bloqueio ou um sentimento de desconfiança, por exemplo, esse sentimento ativará o tronco cerebral, e por isso a capacidade de raciocínio ficará fortemente reduzida. Se, pelo contrário, a experiência for agradável, o córtex cerebral será estimulado, e sua capacidade será aproveitada ao máximo. Os odores, por exemplo, podem despertar recordações de experiências feitas em determinados lugares, esquecidas por longo tempo, ou então despertar emoções intensas em relação a determinadas pessoas.

A conclusão é que o sistema límbico desempenha papel decisivo nas atividades emocionais, na memória emocional (sistema endócrino) e nos sistemas nervosos autônomo e somático.

O neocórtex

O neocórtex, ou córtex cerebral, desenvolveu-se nos

primatas há aproximadamente 2 ou 3 milhões de anos, com o gênero "homo". Situa-se acima do tronco cerebral e do sistema límbico e abarca cerca de 80% de toda a massa cerebral. A novidade no ser humano são a extensão e as estruturas associadas a isso, no sentido de o novo cérebro mostrar uma plasticidade e flexibilidade desconhecidas nas estruturas arcaicas.

É o córtex cerebral que torna possível a consciência. Por meio dele, tanto o animal como o ser humano tornam-se conscientes do mundo exterior e dos sentimentos. Além disso, o ser humano ainda tem consciência de sua existência. Para a memória a médio prazo é relevante que se registrem todos os acontecimentos importantes durante a vida e que se conservem o sentido das palavras e as capacidades manuais aprendidas. Apesar de tudo, a memória está longe de ser infalível. Com frequência ela deforma os fatos, tornando-se menos confiável com o passar do tempo.

Em geral, o hemisfério esquerdo do cérebro é especializado nas capacidades linguísticas: falar, escutar, escrever e ler. Ele produz o pensamento lógico, linear. Já o hemisfério direito especializou-se nas habilidades espaciais: desenhar, reconhecer objetos familiares ou pessoas, sentido de orientação, etc. Ele produz mais o pensamento analógico, associativo.

O neocórtex é a sede do pensamento lógico e racional, das considerações. É a parte do cérebro onde se forma a inteligência, na qual os neurônios se associam novamente cada vez que compreendemos algo. O neocórtex imagina, compara, armazena, recorda, esquece e engana-se também; dirige e equilibra as capacidades de julgamento e análise; processa todas as percepções sensoriais.

Para controlar uma situação, o córtex é capaz de excluir o tronco cerebral e o sistema límbico. Assim, permite-nos, por exemplo, expressar nossa repulsa instintiva com cortesia, transforma a fuga em retraimento ou nos faz evadir para os sonhos. Reverte a agressividade para autodomínio ou autoafirmação. Atenua e filtra os automatismos dos outros dois cérebros.

Uma função essencial do córtex é a automatização do que foi aprendido. Por isso, muitas atividades podem tornar-se rotina e já não requerem atenção total. Assim é possível economizar muita energia ao dirigir-se um carro, ou ao escrever, por exemplo, quando já não é preciso pensar em como traçar uma letra "B" maiúscula. A energia economizada pode então ser empregada para conhecer o novo, aprender algo novo, sim, para possibilitar o novo. Sem o córtex não seria possível o desenvolvimento ulterior da consciência humana.

A conclusão é que o neocórtex controla, armazena e processa as percepções sensoriais e os processos do pensamento, possibilitando a consciência.

Emoção e pensamento

A colaboração dos três cérebros não é sempre perfeita, e, portanto, sua coordenação carece de eficácia e coerência, o que às vezes pode causar sérios problemas na aprendizagem e na assimilação de nova informação ou então em situações que deverão ser tratadas pelo neocórtex. Também se pode dizer que toda a nova informação, todo o novo aprendizado, tem sempre o mesmo método de processamento, o que permite compreender que o cérebro trabalha de modo integral, com o único objetivo de assegurar a autoconservação, tanto no plano físico, como no emocional.

Como é compreensível, a má colaboração entre os três cérebros ocasiona reações ainda mais complexas. Podemos deduzir facilmente que surgirão problemas em relação à capacidade de gerir ou não as emoções e quanto a deixar que o neocórtex encontre a solução mais adequada à situação.

Veremos com mais detalhes o funcionamento do cérebro, sobretudo o límbico, e como somos condicionados pelos sentidos.

Dissemos que o cérebro límbico é a parte associada às emoções e à resposta da memória. Os cientistas não são unânimes no que se refere às estruturas que o formam, e geralmente se considera que suas principais estruturas estão situadas na parte média do cérebro anterior. É a região pela qual toda a informação procedente da medula espinhal entra no cérebro, e pela qual todas as ordens motoras voltam a sair para baixo até os órgãos correspondentes, conforme a resposta necessária ou desejada. É também o centro de processamento da informação procedente de todos os órgãos dos sentidos específicos da caixa craniana. Numerosas conexões entre o sistema límbico e os dois sistemas cerebrais — o inferior (medula espinhal) e o superior (neocórtex) — permitem que o cérebro límbico integre uma extensa gama de estímulos do meio ambiente e responda a eles. Toda a vida emocional que parte, no âmbito cerebral, do sistema límbico depende de informações que são conduzidas por substâncias químicas chamadas neurotransmissores ou neuropeptídeos.

De todos os cérebros, o límbico é o que possui a quantidade mais significativa de lugares de fixação de neurotransmissores.

Os neurônios dessa região podem fabricar, enviar e receber cada um dos cerca de sessenta neurotransmissores conhecidos até o momento, embora acredite-se que possam existir em torno de trezentos!

Os neurotransmissores e os neuropeptídeos são substâncias químicas produzidas pelo organismo. Eles permitem que as células nervosas transmitam o fluxo nervoso entre os neurônios ou outro tipo de células do organismo, como as dos músculos, das glândulas, etc. Os neuropeptídios constituem a linguagem do sistema nervoso.

No plano fisiológico é muito importante compreender a relação existente entre o sistema nervoso, o sistema hormonal e o sistema imunológico, os três elementos-chaves da identidade humana.

Ao ser ativado pelos neurotransmissores, o hipotálamo envia informações à hipófise, que, por sua vez, envia "sinais hormonais" a determinados órgãos, e alguns desses hormônios, como por exemplo os glicocorticoides, influenciam o sistema imunológico.

O sistema imunológico exerce a função mais complexa da maravilhosa máquina que é o corpo humano. Quando cumpre bem seu papel, é capaz de identificar e eliminar os invasores (ou corpos estranhos), permitindo assim que as células possam fazer seu trabalho. Esse sistema tem a seu serviço mais de três bilhões de defensores, um verdadeiro exército!

O conceito segundo o qual o sistema imunológico faz constantemente a escolha entre o eu e o não eu, entre o meu e o que não é meu, é a pedra angular da teoria imunológica. Ele permite compreender que o sistema imunológico é o guardião de nossa identidade.

Examinemos um pouco os pontos de união entre esses três sistemas para definir o papel desempenhado pelas emoções e pelas crenças. Recentes pesquisas científicas tendem a demonstrar que cada pensamento e cada emoção provocam transformações químicas e elétricas mensuráveis no cérebro e em todas as partes do corpo. Como já foi dito, uma reação emocional tende a concentrar-se no cérebro límbico, que transfere a mensagem para as glândulas endócrinas: hipófise, suprarrenais, tireoide, etc., graças aos neurotransmissores ou aos neuropeptídios. Algo interessante: os monócitos, células que são elementos-chaves do sistema imunológico, contêm pontos receptores desses mesmos neurotransmissores. Desse modo, o sistema nervoso e o sistema imunológico estariam unidos por meio dos monócitos.

Aparentemente são os monócitos que estabelecem um vínculo direto entre a capacidade de memória do cérebro e o misterioso sistema de memória da própria reação imunológica. Em função de contatos anteriores, as células ou linfócitos T podem reconhecer os corpos estranhos. O mais surpreendente é que, ao reprimir-se uma emoção, os neurotransmissores associados são incapazes de localizar seus pontos receptores, e o resultado disso é um ciclo repetitivo de comportamentos disfuncionais no que se refere à autoestima, às relações interpessoais e ao objetivo de vida! Vemos, assim, até que ponto o psíquico e o fisiológico são interdependentes.

O sistema imunológico é nosso cartão de visita, nosso "eu biológico", que nos torna diferentes de qualquer outro "eu" existente sobre a face da terra. Veremos que as emoções reprimidas e armazenadas no corpo constituem uma parte muito importante do condicionamento psíquico, por não falar do encarceramento emocional. Mas como isso acontece mais concretamente? Estamos diante de um novo paradigma científico, isto é, hoje sabemos que quase todas as células do corpo possuem milhares de receptores, que captam os sinais procedentes de seu meio ambiente. Eles são tão numerosos que 40% do DNA humano se dedicam a garantir que tais receptores sejam reproduzidos perfeitamente de geração em geração.

Quando os receptores recebem a informação, eles a enviam para dentro da célula e, assim, os processos se põem em marcha: reparação de danos, reprodução celular, defesa e ataque contra o inimigo, etc. Cada sinal procede do que é chamado, na linguagem científica, de "ligantes",[1] que são constituídos por neurotransmissores, hormônios e peptídeos. São substâncias "informativas" que procedem do cérebro, dos intestinos, do coração e dos órgãos sexuais; em resumo, podemos dizer que procedem de quase todas as partes do corpo. Assim, a comunicação é feita de célula a célula, formando uma rede de comunicação.

Esses ligantes transportam 98% de toda a informação entre o corpo e o cérebro, enquanto a comunicação que acontece no interior do cérebro pelas sinapses entre os neurônios representa apenas 2%. Há cerca de 200 peptídeos conhecidos, e cada um emite uma gama emocional complexa: beatitude, cólera, relaxamento, apaziguamento da dor, etc.

Ao longo do tempo, descobriu-se que os ligantes atuam como uma chave que é inserida em uma única fechadura, em um único receptor possível. Atualmente essas noções mudaram, e fala-se de uma atração vibratória entre ligante e receptor. Na superfície celular, os receptores agitam-se e mudam constantemente de configuração. Isso produz uma vibração, que ressoa com o ligante que possui a mesma frequência. Desse modo, eles começam a vibrar em conjunto.

Porque esse fenômeno não é um ato isolado, mas procede de um grupo de células, produz-se uma "ressonância celular" que causa uma força de atração muito

---

[1] Em termos gerais, pode-se definir um "ligante" como uma molécula capaz de ser reconhecida por outra, provocando uma resposta biológica.

potente. Uma corda de violino, por exemplo, faz vibrar na mesma frequência os demais violinos ao lado, provocando uma sincronização das vibrações, que acabam por alcançar o assim chamado estado de coerência, fazendo que tudo oscile na mesma frequência.

As emoções são o vínculo entre o corpo físico e os estados de consciência não físicos. Os receptores celulares são o lugar onde isso se produz. A vibração que atrai é a emoção, enquanto o vínculo real do peptídeo com o receptor é a manifestação dos sentimentos no mundo físico.

As emoções influem sobre as moléculas; estas, por sua vez, determinam o que experimentamos.

Os receptores crescem e diminuem em número e sensibilidade segundo a frequência dos ligantes aos quais estão conectados.

Isso significa que o corpo físico pode ser transformado pelas emoções que experimenta.

Esse fenômeno é muito importante, pois explica por que o sangue se caracteriza pela marca bioquímica das emoções, que constituem, via ressonância celular, um estado vibratório determinado, atraindo a nós os valores astrais correspondentes. Isso nos permite compreender claramente o aforismo segundo o qual: "tal é o estado de consciência, tal é o estado de sangue; e estado de sangue é estado de consciência".

Por outro lado, como já observamos, acreditava-se que os peptídeos e os ligantes se aderiam a um único receptor, porém hoje se sabe que os receptores com frequência estão reunidos em grupos complexos. Eles formam as paredes de canais no interior das células, abrindo-se e fechando-se em um movimento rítmico de bombeamento, deixando entrar ou sair substâncias celulares e formando um fluxo iônico ou corrente elétrica que pode estender-se pelo corpo todo.

Essa corrente influenciará o grau de excitabilidade dos neurônios do cérebro, determinando a ativação das células cerebrais.

Os peptídeos da emoção afetam diretamente o que pensamos e vice-versa.

O limiar de excitabilidade das células cerebrais varia muito de um indivíduo para outro, dependendo de que receptor esteja ocupado por qual neurotransmissor ou droga, etc. Essas diferenças são a causa frequente de conflitos entre casais, por exemplo, envolvendo uma mulher nervosa, faladora, e um marido entorpecido diante da televisão. Ambos encontram-se em uma modalidade eletroquímica incompatível, que pode causar sérios problemas se não for modulada.

Essas substâncias ou ligantes são ao mesmo tempo onda e partícula, como acontece com a luz. São substâncias físicas que podem ser medidas no corpo e também são ondas, como um trem de ondas entre os seres, em nossas interações emocionais.

Isso nos faz retornar à física quântica!

Podemos dizer que o corpo humano é capaz de transformações instantâneas de natureza quântica, mudanças que podem ser estabilizadas por novos estados de consciência, quando estes são permanentes.

Quando os ligantes se conectam aos receptores, uma

carga elétrica sempre é emitida e modificada pelos movimentos de vaivém do fluxo iônico, formando assim um campo elétrico.

Em consequência, os numerosos receptores que se encontram na membrana celular formam um campo elétrico, entrando em determinado estado vibratório, que será transmitido a todo o corpo.

No entanto, ainda há um problema. Como é possível a transmissão da informação a essa velocidade? Normalmente, no corpo deveriam existir distintos estados vibratórios de acordo com os distintos grupos de células, tecidos e órgãos.

Isso nos leva a comparar o corpo a uma espécie de cilindro de cristal líquido de baixa tensão, capaz de vibrar em numerosas frequências. Porém, para que um fenômeno assim possa acontecer, faz-se necessária uma estrutura, uma matriz.

A matriz é, pois, uma estrutura corporal constituída, principalmente, de fibras de colágeno de tecido conjuntivo e que permite às distintas partes do esqueleto manter-se unidas.

É uma rede de comunicação de alta velocidade, que funciona de maneira sincronizada e penetra todas as células como uma rede altamente maleável (o que contradiz as teorias científicas atuais, segundo as quais as células são como uma bolsa vazia).

Na verdade, essa matriz atua como um semicondutor capaz de apoiar a atividade elétrica do organismo.

Em resumo, podemos dizer que toda a mudança do estado fisiológico é acompanhada de uma mudança do estado emocional consciente ou inconsciente, e vice-versa: toda a mudança do estado emocional produzirá uma mudança do estado fisiológico. A psique e o corpo encontram-se no cérebro límbico, que é a parte do cérebro onde está a coleção mais densa de receptores e que, por outro lado, está estreitamente vinculado ao lóbulo frontal ou neocórtex.

Atividades do cérebro

Examinemos agora algumas pesquisas da neurociência. Seguramente todos terão visto em revistas imagens obtidas por meio da denominada ressonância magnética nuclear funcional (RMNf).

Estudos com base em imagens acrescentam informações sobre quais regiões do cérebro são ativadas com determinados pensamentos, ações e sentimentos (isto é, recebem maior fluxo sanguíneo). A atividade pode ser representada como uma imagem colorida.

Com base nisso, conclui-se que é na zona ativa onde surge determinado sentimento ou pensamento. No caso de monges que durante a meditação experimentavam a sensação de algo divino, um sentimento de unidade com o todo, foi possível observar um incremento de atividade em certa região do neocórtex. Os neurocientistas de orientação puramente materialista concluem que a referida região cerebral transmite ao ser humano a ilusão de uma divindade.

Outros cientistas interpretam os mesmos ensaios de

forma completamente diferente. Para eles, Deus existe. Na correspondente área do cérebro o ser humano percebe algo. O cérebro funcionaria, então, de forma similar ao receptor de uma estação de rádio. Tal como acontece com frequência na ciência, os mesmos resultados de pesquisa são interpretados de forma diferente. Isso também é mérito do cérebro!

Em relação às imagens RMNf podemos ler na *Deutsches Ärzteblatt*[2] [Revista médica alemã] um texto interessante: "Ainda que o amor e o ódio se expressem exteriormente como impulsos sentimentais contrários, no interior do cérebro levam à ativação dos mesmos centros, como o demonstram estudos de ressonância magnética nuclear".

Outras pesquisas neurocientíficas ocuparam-se da seguinte questão: como o cérebro transmite os sinais para a ação como reação a um estímulo? As medições mostraram que a atividade dos nervos é desencadeada antes que o ser humano esteja cônscio disso, antes que se decida pela ação.

Alguns neurocientistas deduzem daí que não existe livre-arbítrio. E concluem: os impulsos nervosos autônomos e as ações subsequentes surgem sem a intervenção da consciência. Somente depois essa ação passa a ser compreendida como se fosse controlada conscientemente pelo cérebro. Assim surge a sensação de que a ação foi fruto de uma livre decisão.

---

[2] Disponível em: <www.aerzteblatt.de/nachrichten/34201/Liebe-und-Hass-in-der-Kernspintomografie>. Acesso em: 29 out. 2008.

Por meio de ensaios, esses neurocientistas chegaram à conclusão de que o ser humano experimenta uma sensação de liberdade quando não aparecem impulsos contraditórios entre o sistema límbico e o neocórtex. O sistema límbico armazena todas as experiências como qualidade emocional e sabe o que estava ligado ao prazer e à aversão. Isso significa que será vivenciado como liberdade o que corresponde ao padrão de prazer e aversão. Ou dito de forma mais concreta: experimenta-se liberdade quando o córtex cerebral, a parte consciente do cérebro, adapta-se ao sistema límbico, quando se submete a ele.

Uma sensação de falta de liberdade surge quando o sistema límbico e o córtex cerebral entram em conflito, ou quando alguém está indeciso entre impulsos igualmente fortes.

Atividades da consciência

Encerremos a reflexão científica e retornemos à consciência. Analisemos agora, em detalhe, dois conhecidos estados de consciência: a consciência de vigília e a consciência de sono profundo.

Na consciência de sono profundo, os cinco sentidos conhecidos estão em grande parte suprimidos, inativos. Não há uma consciência clara nem uma consciência que atue como um eu. Nos sonhos, os acontecimentos são vivenciados, suportados. Em grande parte, a pessoa é submetida a essas experiências. A vontade tampouco está ativa. Os sonhos consistem em imagens, em sequências de imagens que frequentemente não correspondem às normas da vida diurna.

A noite pertence ao sono; o dia, à consciência de vigília. Trata-se de uma polaridade.

Um polo é: sono – noite – lua – impressões imagéticas inconscientes. No esoterismo, o sono é chamado de irmão menor da morte. Após o sono, normalmente nos sentimos descansados e renovados. Portanto, durante o sono ocorre uma vitalização.

O outro polo é: vigília — dia — sol — vida ativa e consciente no pensar, sentir, querer e atuar. No transcurso do dia, tornamo-nos mais cansados e esgotados. Durante a vigília ocorre consumo de energia, perda de forças e desgaste. Trata-se de uma diminuição, de uma extinção das forças vitais. Consequentemente, a consciência está relacionada a um processo de morte.

À noite, ao contrário, acontece um processo inverso: o sono conduz à edificação, à regeneração e à revitalização. Trata-se de um processo para a vida. Por conseguinte, o sono (pequena morte) dá nascimento à vida, e a consciência de vigília (vida diurna) dá nascimento à morte. Um processo de morte possibilita a consciência, e a edificação da vida somente é possível na inconsciência do sono.

Como dissemos, no sonho se vivencia e percebe de forma pictórica. Da linguagem figurada dos mitos e contos emana, como sabemos, uma força poderosa. Ela dá-nos a possibilidade de agir, de pôr em execução no dia seguinte.

Assim, as imagens da consciência do sono podem ter influência decisiva sobre nossos atos durante o estado de vigília.

Por outro lado, também é claro que o tipo de atividade diurna, em relação aos sentimentos e pensamentos, influencia amplamente o tipo de imagens produzidas durante a consciência do sono.

O que é a consciência, na realidade? É o aspecto mais elevado da alma, formado pela trindade do pensar, sentir e querer. A consciência é a ponte que liga o sujeito a um objeto.

Quem é o sujeito? A esse respeito há grandes diferenças. No ser humano puramente natural é o eu, e no ser humano espiritual é o ser verdadeiro, o núcleo espiritual; enquanto para o ser humano que se encontra em um caminho cultural ou espiritual existe todo o tipo de estágios intermediários.

O que é o objeto? Em primeiro lugar, são as coisas e circunstâncias exteriores, e, em segundo lugar, também o próprio sujeito pode tornar-se objeto, pois isso acontece quando se percebe a própria existência. Em tal caso, fala-se de consciência de si mesmo, sendo essa a diferença crucial que eleva o ser humano acima do animal.

Os órgãos sensoriais representam o portal entre o sujeito e o objeto (por exemplo, entre o ser humano e o ambiente).

As percepções sensoriais constituem uma condição prévia para a consciência; sem percepção não há consciência. Se considerarmos que os órgãos sensoriais transmitem, a cada momento, uma enorme quantidade de informações para o cérebro, mas somente pequena parte delas suscita a atenção consciente, levanta-se a questão de como ocorre essa seleção. O que determina os objetos para os quais a consciência se volta?

Diversos impulsos podem orientar a consciência para determinado objeto, como por exemplo, desejo, sentimento, amor, interesse, prazer, estímulo sensorial intenso, instinto, intuição, inspiração, dor. Todos esses impulsos são a expressão de uma forte energia que poderíamos definir como o calor intenso de um fogo. Basta pensar no fogo da paixão, da dor ou do amor. De acordo com um princípio hermético, em todo o início existe um impulso ígneo. É o fogo que determina a que se dirige a consciência.

Investiguemo-lo em relação ao desejo, que é a expressão mais poderosa do fogo no ser humano. É um raio de intenso calor que parte em direção ao objeto, ou do ventre ou do coração do ser humano, colocando o objeto desejado no centro da consciência. A radiação de calor produz uma luz que estimula o cérebro à reflexão, a uma atividade racional, sendo que tudo se armazena na memória de curto prazo.

Depois disso, ou ativa-se a vontade ou deixa-se de lado o conteúdo da consciência. A vontade é um impulso que parte do sujeito e torna possível a ação. A vontade e a ação, se repetidas várias vezes, fixam o conteúdo da experiência na memória de longo prazo. Se não há uma atividade da vontade, aos poucos a imagem se volatiliza na memória de curto prazo.

A consciência abarca, portanto, uma tríplice atividade ígnea:

1. o calor dos desejos e dos sentimentos;
2. a luz do pensamento;
3. a força de vontade.

No ser humano natural, esse triângulo é nutrido completamente pelo fogo do ventre — a central energética situada no ventre — cuja finalidade é a manutenção do corpo.

O controle central dessa função é a rede nervosa do plexo solar, e a central energética propriamente dita é o sistema composto por estômago, intestino delgado, pâncreas, fígado, vesícula e baço, que, para simplificar, denominamos de sistema fígado-baço.

Essa usina energética alimenta uma segunda central energética, constituída por rins, suprarrenais e gônadas. Nós a chamaremos de sistema rins-sexualidade.

A sala de controle dessa segunda fonte energética é uma pequena glândula anexa ao cérebro, a hipófise. Essa glândula regula os órgãos do sistema rins-sexualidade, coordenando suas funções na vida social e na conservação da espécie.

Os centros energéticos do sistema fígado-baço e do sistema rins-sexualidade formam juntos o espírito, o fogo do qual vive o ser humano. A luz desse fogo é refletida pelo cérebro, tornando possível a consciência, que, por sua vez, se sintoniza com esse fogo.

Em suma podemos dizer que as ações humanas

são dirigidas pelas regiões inconscientes do sistema nervoso que servem à autoconservação. O plexo solar e a hipófise são os focos centrais e dominantes nesses processos.

Renovação espiritual

O começo de toda a renovação espiritual consiste na transferência do centro de gravidade energético (do fogo) do ventre para o coração.

No coração se encontra oculto o princípio da eternidade, um "átomo espiritual". Em muitas imagens de diferentes culturas o coração é representado repleto de fogo ou luz radiante.

A questão agora é esta: podemos nós, seres humanos dos tempos atuais, compreender por que todo o processo espiritual deve começar no coração? A resposta é: o coração é o "órgão da unidade".

Isso pode ser explicado pela própria estrutura das células cardíacas. Para compreender a singularidade das células desse órgão, voltemos a atenção, em primeiro lugar, à construção comum das células do corpo. Em toda a célula se manifesta o princípio da divisão e da separação. Trata-se de uma infinidade de corpúsculos, separados entre si por uma câmara intermediária cheia de líquido intersticial. Somente as células dos músculos e da pele têm uma superfície de contato em comum.

A estrutura do tecido celular do coração, ao contrário, expressa uma tendência à união e à ligação.

As células do coração não se tocam como acontece com outras células musculares, mas estão como que engrenadas umas às outras por sua parte mais estreita. Entrelaçam-se como os dedos de duas mãos podem fazer e, precisamente por isso, têm poderosa coesão. Na célula do coração vemos um indício de como partes separadas querem voltar a compor uma unidade. No coração encontramos, portanto, um paralelo material para o anelo de conexão e unidade.

O espírito é a fonte original de onde tudo emana, que se entrega em incomensurável amor a tudo, que é tudo no todo, onde não existe separação. Que outro órgão, a não ser o coração, poderia ser mais apropriado para receber os impulsos e as forças do espírito?

Quando o centro espiritual do coração se inflama, essa força irradia primeiro no sangue, é impregnada no sangue. Isso não significa, contudo, que o cérebro já esteja automaticamente em sintonia com o coração. Cabeça e coração não formam, ainda, uma unidade. Quem de nós não conhece a luta entre o coração e a cabeça? O cérebro e o pensamento devem, primeiro, sintonizar-se com a luz renovada do coração. Quando isso acontece, fala-se então de "pensar com o coração".

Agora poderíamos perguntar como ocorre a ativação desse núcleo espiritual latente do coração. O capítulo precedente referiu-se a uma barreira estrutural que o ser humano deve ultrapassar. Gostaríamos de assinalar que, na vida de um ser humano que anela pela renovação espiritual pode haver momentos dramáticos, nos quais a estratégia de vida até então é questionada em seus fundamentos. O que queremos dizer com isso? Quando um grito de profunda tristeza se eleva do mais profundo da alma, tal momento representa o ponto crucial na vida de uma mulher ou de um homem. Quanto a isso, não se trata de um grande infortúnio que pode acontecer a qualquer momento na vida de todos, nem de um desespero como o que podemos sentir ante a perda de um ente querido. Não, trata-se de uma chamada urgente, procedente do imo do ser, que nos faz compreender, em um instante, o vazio e as ilusões da personalidade e do mundo, assim como nossas próprias limitações. É um momento de crise, um ponto de inflexão, em que o antigo centro energético do ventre é atravessado pelo fogo do coração. Nesse momento, o coração torna-se receptivo a uma nova força. Uma nova energia procedente de outra realidade ativa o "núcleo atômico" que se encontra no ápice da câmara direita do coração. Estamos falando do átomo-centelha-do-espírito. Uma vez liberada, essa energia dinamizará todas as estruturas já existentes no organismo e começará a circular por elas. Também podemos dizer que a vida espiritual é a expressão de uma energia na qual o ego não existe. Ela caracteriza-se pelo fluir de uma energia procedente de uma realidade superior, que se transforma ininterruptamente.

Essa energia apenas tem eficácia se não for utilizada em proveito próprio e quando o ser humano orienta seu comportamento de vida de acordo com a conhecida fórmula hermética: "Tudo receber, tudo abandonar e, assim, tudo renovar".

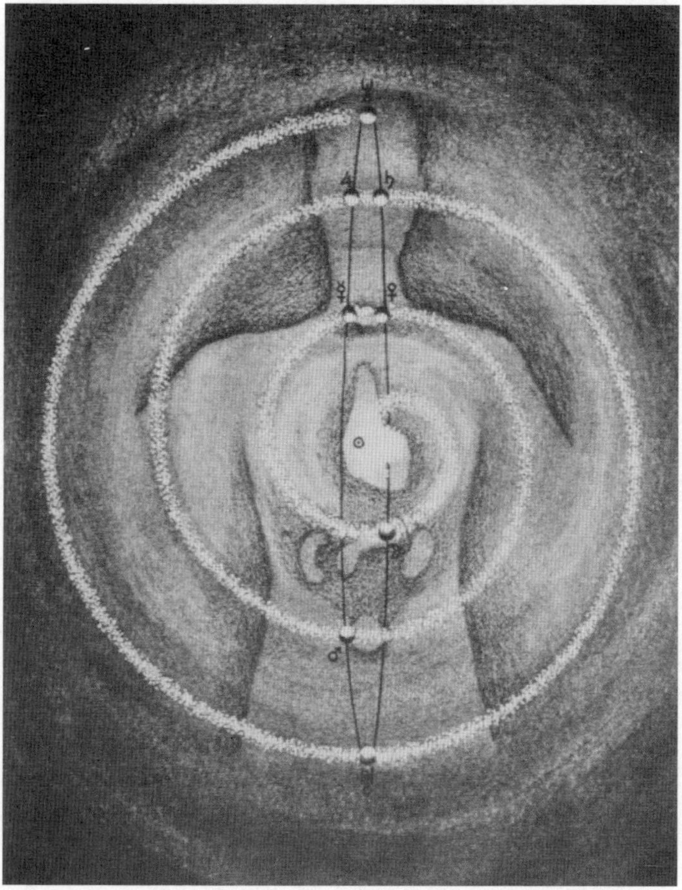

O homem como microcosmo (Rodney Collin, *The Theory of Celestial Influence*, Londres, 1945).

Para Rodney Collin, os centros energéticos e suas glândulas correspondentes seriam como adaptadores e transformadores. Ele fala de uma "espiral funcional em expansão, [...] cujo sol e origem é o coração" e que desemboca na pineal, como a última "estação externa e possibilidade do organismo".

O papel do cérebro no processo de renovação da consciência

Dr. Med. Stephan Sigrist

Qual é a finalidade do cérebro humano? Seria atingir um pensamento intelectual magistral? Ou talvez a criação de imagens-pensamentos artísticas? Tudo isso não esgotaria, nem de longe, as possibilidades de desenvolvimento inerentes ao cérebro. O ser humano está perante a missão de realizar um pensamento que possa captar os valores da eternidade, sendo assim neocriativo, no verdadeiro sentido da palavra. O cérebro foi preparado para ser o lugar de encontro com o espírito, um vaso para a consciência onipresente.

Os tempos atuais incitam o ser humano, mais do que nunca, a buscar as possibilidades latentes de desenvolvimento e a realizá-las, em benefício de cada indivíduo e da humanidade como um todo.

Assim, queremos analisar as bases anatômicas e o modo de funcionamento do cérebro que tornam possível esse desenvolvimento; um processo pelo qual a nova consciência se torna um fato.

O segundo capítulo indicou que o processo de renovação espiritual começa no coração, porque nele está oculto um princípio da eternidade, um átomo espiritual. Se esse princípio espiritual é despertado, sua luz irradia em todo o organismo. O já mencionado "pensar com o coração" somente é possível por meio desse princípio espiritual, desse princípio ígneo. Se por meio do sangue a luz espiritual se eleva até a cabeça, todas as estruturas do cérebro começam a trabalhar com base nessa nova força.

No entanto, o restante do organismo com seus órgãos ainda não foi renovado. Por essa razão, o organismo tenta eliminar as forças espirituais de seu sistema. Isso faz parte da natureza do organismo, que deve rechaçar tudo o que lhe é estranho, a fim de garantir a autoconservação.

O pensamento humano atual, o cérebro, ordena as percepções, diferencia, separa, avalia e classifica. Nesse processo, apoia-se no que é conhecido e comprovado, ou seja, nas experiências do passado. Para que haja uma verdadeira renovação, os velhos padrões de pensamento, as antigas construções mentais devem ceder. Eles têm de dissolver-se para abrir espaço a uma nova atividade.

Se não estivermos dispostos a entregar ao fogo espiritual as imagens formadas ontem pelo pensamento, bem como as emoções vividas ontem, não haverá espaço para uma nova compreensão. Então o pensamento permanecerá atado ao passado, e permaneceremos prisioneiros do antigo estado de consciência.

Quais são as estruturas que reagem, em especial, às novas energias espirituais? Que estrutura pode cumprir a função de conexão entre o cérebro e o coração? Para nossas considerações ulteriores, é importante analisar

Definições

Espírito Fonte original de onde tudo surge e para onde tudo regressa. Energia original, da qual nascem todos os impulsos e forças. O espírito é eterno, inesgotável, permanecendo sempre igual a si mesmo.

Alma (no estado original) Mediadora entre o espírito e o corpo. Recebe os impulsos do espírito e transmite-os ao corpo. É a força ativa, o movimento, o arco energético entre espírito e corpo. A alma atual está separada da união direta e consciente com o espírito.

Corpo (no estado original) Realização do plano divino. Forma de manifestação e instrumento para a colaboração na criação divina. Por sua união com o espírito eterno, a alma e o corpo originais são imortais.

Alma (no estado atual) A união entre o corpo e cosmo (zodíaco e sistema solar). Ela recebe as informações do cosmo e as transmite ao corpo. O estado energético da alma é determinado principalmente pelo corpo.

Corpo (no estado atual) Manifestação biológica da vida, que foi desenvolvida pela evolução e se mantém por intermédio do processo reprodutivo.

a extensão da medula espinhal, o bulbo raquidiano[1] e o cerebelo.

O bulbo raquidiano

O bulbo raquidiano situa-se abaixo da ponte, da *pons*, que estabelece a ligação entre a medula espinhal e o tronco cerebral.

Acima dele se situa o cerebelo. Portanto, o bulbo encontra-se na zona de influência direta do cerebelo, no âmbito energético.

O cerebelo tem poucas funções autônomas e independentes. Ele não é totalmente necessário para a mera sobrevivência. Sua função principal é a regulação do equilíbrio, da capacidade de manter-nos em pé, a orientação e o movimento no espaço. Além disso ele tem, sobretudo, uma função auxiliar e moduladora em relação a muitos outros processos (cognitivos e emocionais, relacionados com processos temporais).

Jan van Rijckenborgh dizia que as influências cármicas adentram o sistema por meio do cerebelo. Isso está em conformidade com as funções mencionadas. O cerebelo não possui uma função autônoma primária mas sim de influência. Isso significa que o cerebelo influencia muitas outras funções cerebrais, da mesma forma como o carma também faz valer sua influência em muitas áreas da vida.

---

[1] Também conhecido como medula oblonga (N.E.).

Que funções estão relacionadas com o bulbo raquidiano? O bulbo, parte da ponte e o hipotálamo controlam o sistema nervoso vegetativo. Este governa e regula, entre outros, a circulação sanguínea, a atividade do coração, a pressão sanguínea e a respiração.

Gostaríamos agora de dirigir a atenção para o centro respiratório do bulbo raquidiano.

Normalmente, o ritmo respiratório ocorre de maneira involuntária, ou seja, de forma inconsciente. O centro respiratório do bulbo regula a frequência respiratória, ou seja, a subida e a descida da musculatura das costelas e do diafragma. Isso é feito de forma automática pela ação da pressão do CO_2 presente no sangue, pela tensão da musculatura das costelas, etc., ou pelas emoções. Além disso, ainda é possível exercer influência consciente sobre a respiração. A respiração é a única função que tanto é regulada de forma inconsciente, automática (a forma habitual), como pode ser influenciada de maneira voluntária. Dito de outro modo, a respiração encontra-se em uma interface entre o consciente e o inconsciente.

Um desenvolvimento espiritual envolve sempre um processo de conscientização. O que se torna consciente? Elementos do inconsciente vão-se manifestando, cada vez mais, à luz da consciência. Desenvolvimento espiritual significa conscientização de aspectos do inconsciente à luz do espírito. Como a respiração se encontra nessa interface, uma mudança espiritual tem de ser acompanhada de uma mudança na respiração.

Podemos reconhecer, portanto, uma estreita relação

entre o bulbo raquidiano, a respiração e a conscientização. Se pelo toque espiritual se transformam as forças do bulbo raquidiano, a respiração e a consciência igualmente se transformam. Disso podemos deduzir que uma mudança no estado de consciência começa com uma mudança na respiração.

É importante diferenciar dois tipos de mudança na respiração. A modificação mediante o bulbo raquidiano pela luz acesa no coração e a modificação pelo emprego consciente da vontade, assim como ocorre, por exemplo, quando se realizam exercícios respiratórios.

Se a respiração é influenciada mediante a vontade, o estado de consciência não é modificado de forma fundamental.

Mas se as novas forças procedentes do coração penetram o bulbo raquidiano, produz-se uma verdadeira transformação. A influência do subconsciente diminui. Também é debilitada a influência do carma, procedente do cerebelo. Assim, surgem espaço e certa independência das influências coercitivas do passado.

A nova energia espiritual atua, portanto, no bulbo raquidiano. Quando o ser humano procura ouvir, cada vez mais, a nova voz em seu interior, as novas forças não são eliminadas do organismo de forma imediata. A esperança de, um dia, poder realizar os ideais humanitários, religiosos ou artísticos torna-se mais forte. Contudo, ao mesmo tempo se observa com frequência que se perde a calma rapidamente, que o comportamento nem sempre está de acordo com os ideais e os esforços não mostram resultados libertadores. Os ideais parecem inatingíveis. Deixaremos então que o desalento se instale em nós? Cairemos no desespero e na resignação?

Quando a pressão interior é suficientemente forte, surge uma reação contrária muito útil e significativa. É quando nos perguntamos: por que nosso estado ainda oscila tão fortemente? Como resposta, reconheceremos que não é possível forçar essa transformação pelas forças espirituais, que não basta simplesmente querê-la. Podemos, porém, permitir que isso aconteça. Então não estaremos reagindo com resignação, mas sim com serenidade. Tentamos não forçar nada e assim nos "entregamos", tornando-nos silenciosos. O tornar-se silencioso interiormente é possível, uma vez que a nova força está ativa no bulbo, criando ali um espaço novo. O bulbo raquidiano abre-se cada vez mais à nova força ígnea, semelhante a um cálice aberto; e a respiração sincroniza-se com ele. O coração e a cabeça entram em sintonia. Todavia, se quisermos falar de uma unidade duradoura entre o coração e a cabeça, é preciso que a força do espírito continue subindo até atingir o foco da consciência.

A hipófise

Onde se encontra o foco da consciência? Provavelmente exista unanimidade quanto à localização da consciência no cérebro. Se nos perguntarmos: onde nos "sentimos" mais fortemente conscientes de alguma coisa? Será que apontaremos para a nuca ou para o topo da cabeça (o vértice)? Não, a maioria das pessoas indica a área da testa, ou seja, o ponto onde as tradições orientais situam a sede do "terceiro olho". Segundo a tradição esotérica, esse lugar é o ponto de projeção da hipófise. A radiação da hipófise reflete-se no espaço aberto atrás do osso frontal e é percebida ali, subjetivamente, como foco da consciência.

Isso não significa que possamos dirigir a hipófise conscientemente. Mas o "programa" da hipófise para a autoconservação está fortemente gravado na consciência. Nesse sentido, a hipófise é um órgão determinante da consciência.

Vejamos como a ciência descreve as funções da hipófise. A hipófise concentra as funções de controle mais importantes de todo o organismo para a autoconservação e a manutenção da espécie; o controle e a regulação da inteligência (por meio da tireoide), do equilíbrio energético, da reprodução (por meio das gônadas ou glândulas sexuais), do equilíbrio hídrico, do metabolismo dos minerais e do açúcar (por meio das suprarrenais), do crescimento, do estímulo à síntese de proteínas e ao crescimento do esqueleto.

A hipófise é o órgão central de controle da secreção interna. Existe uma intensa influência mútua entre os hormônios da hipófise e as demais glândulas endócrinas. Simplificando, poder-se-ia dizer: a hipófise está a serviço da autoconservação. No entanto, à medida que o processo espiritual avança, ela deve colocar-se a serviço da autorrendição a uma realidade superior. A pergunta crucial é: qual fogo arde nela? Qual dimensão é a determinante?

Poderá a estrutura anatômica da hipófise oferecer-nos ainda outras indicações? A hipófise está ligada diretamente ao hipotálamo, que a governa.

Observando-se a anatomia das estruturas cerebrais, a hipófise nos parece como se estivesse pendurada em uma haste na parte inferior do cérebro. Na língua alemã ela é denominada também de *Hirnanhangsdrüse* (tradução literal: glândula apêndice do cérebro). O desenvolvimento embrionário da hipófise mostra uma singularidade: o lóbulo posterior consiste no mesmo tecido que o hipotálamo, em termos histológicos. A hipófise surgiu, no âmbito embrionário, do hipotálamo e encontra-se sob seu completo controle. O lóbulo anterior tem outra origem: formou-se do mesmo tecido que a cavidade bucal. Portanto, a hipófise é um órgão que surge, por um lado, da região do cérebro, e por outro, da região superior do tubo digestivo, e funde-se com elas. Ela representa, portanto, um elemento de ligação entre o cérebro — o polo dos órgãos do pensamento e dos sentidos — e o polo do metabolismo. Algo similar ocorre também com o coração. Este também está situado no centro, como órgão mediador entre o cérebro — polo dos órgãos do pensamento e dos sentidos — e o polo do metabolismo e da digestão.

Além disso, existe outra singularidade: o lóbulo anterior da hipófise é atravessado por um plexo vascular (capilares sinusoidais), o que não acontece em nenhuma outra parte do cérebro. Pode-se dizer que

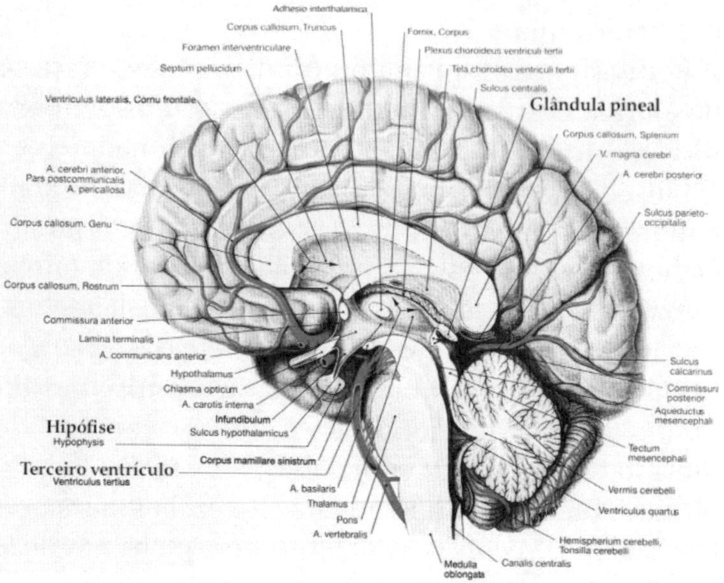

Corte longitudinal do cérebro

- Hipófise: dirige por meio dos hormônios praticamente todo o organismo.
- Terceiro ventrículo: espaço de comunicação entre a hipófise e a pineal.
- Pineal: órgão de percepção da luz que se tornou latente. Dirige o ritmo de sono e vigília.

A hipófise e a pineal desempenham papel-chave no processo do despertar espiritual e da libertação.

a circulação sanguínea invadiu o lóbulo anterior da hipófise.

O lóbulo posterior da hipófise consiste em puro tecido nervoso, assim como o restante do cérebro. Curiosamente, porém, falta nele a barreira hematoencefálica (o que somente acontece em pouquíssimas áreas do cérebro). Isso significa que o lóbulo posterior da hipófise está aberto a um intercâmbio maior entre o sangue e as células cerebrais, pois a barreira hematoencefálica tem função defensiva, repelindo as substâncias sanguíneas que não devem chegar ao cérebro.

Por sua estrutura, portanto, a hipófise exerce uma função mediadora e é o ponto de intersecção entre o cérebro e o organismo como um todo. Ela poderia ser chamada de "coração no cérebro". Por conseguinte, é possível que a hipófise possa estar sob a influência do átomo espiritual do coração por meio dos vasos sanguíneos do lóbulo anterior e pela ausência da barreira hematoencefálica no lóbulo posterior.

Um breve resumo: se o fogo espiritual do coração já despertou, deve elevar-se ao cérebro e firmar-se na hipófise. Somente então é possível falar-se de uma verdadeira unidade da cabeça e do coração! Quais as consequências disso? Quando a hipófise se encontra na luz do espírito de forma permanente, isso tem como consequência um estado de vida completamente novo. A hipófise, definitivamente, já não estará submetida à coação da autoafirmação, porém guiará o organismo em direção à nova vida, em total conformidade com a luz. O que antes era percebido somente de forma nebulosa, poderá, então, ser captado com maior clareza. O ser humano vislumbrará claramente o novo estado de vida. É um estado em que unidade, harmonia, liberdade e amor constituem uma realidade. Trata-se de um estado de alma verdadeiramente renovado, que pode ser identificado como o estado de um iniciado, ou de um iluminado. Todo o organismo sensorial se sintoniza com a percepção interior do mundo espiritual.

Talvez alguém pergunte: como as mencionadas estruturas cerebrais, que desempenham um papel central nas possibilidades libertadoras, podem assumir suas novas funções? Isso é realmente possível? Pois elas são importantes para todo o organismo. Devem elas parar de exercer suas funções anteriores?

Naturalmente as conhecidas funções bioquímicas e fisiológicas prosseguem normalmente. A física moderna, especialmente a teoria da relatividade, diz que matéria e energia se acham em contínua interação. A matéria é a densificação momentânea da energia, que, por sua vez, é uma possibilidade potencial de manifestação dinâmica da matéria.

Ainda mais apaixonantes são os conceitos da nova física (teoria das cordas), segundo a qual, no mesmo espaço-tempo contínuo e no mesmo espaço, existem vários campos de manifestação planetários, várias dimensões planetárias concomitantemente. Portanto, também em estruturas cerebrais tais como a hipófise estão presentes potencialmente outras dimensões ao mesmo tempo. A questão é apenas: que dimensão é atualmente a determinante?

A pineal

O próximo órgão muito importante no processo do despertar espiritual é a pineal. Nas espécies animais inferiores (peixes, anfíbios, répteis e alguns pássaros) a pineal é capaz de perceber impressões de luz. Nos animais superiores (mamíferos) ela perdeu tal capacidade. No desenvolvimento do embrião humano, a pineal localiza-se primeiro no vértice, na parte exterior do cérebro. Numa fase posterior, ela vai-se movendo para dentro, para o centro do cérebro.

Pode-se inferir, com base nesse fato, que foi preciso esse pequeno órgão perder a capacidade de perceber a luz exterior ao longo da evolução para que o ser humano pudesse desenvolver a capacidade de percepção interior para a luz espiritual?

À noite, na escuridão, a pineal produz a melatonina, o hormônio que regula o ritmo de sono-vigília. O processo da tomada de consciência é um processo de despertar. Do estado similar ao sono, do inconsciente da noite, eleva-se o despertar consciente à luz do dia. Portanto, a pineal produz à noite o hormônio que possibilita o despertar pela manhã. Embora a produção de melatonina seja um processo fisiológico, presente também no reino animal e que regula um ritmo natural, não obstante é possível admitir a analogia e, assim, reconhecer a pineal como um órgão da nova tomada de consciência.

Em suma, a pineal pode ser caracterizada como um "órgão de percepção da luz" e como órgão do "despertar" do ser humano. O processo de renovação encontra seu ápice, culmina, na pineal.

A pineal e a hipófise estão interligadas pelo compartimento do líquido do terceiro ventrículo. O terceiro ventrículo situa-se no centro de todo o sistema de fluidos do cérebro. Com base nesse centro o processo seguinte pode ter início. No fim do processo, dá-se "a união da noiva com o noivo", as núpcias alquímicas, a ligação da hipófise e da pineal, assim como a realização da alma-espírito. Abordaremos isso com mais detalhes no quarto capítulo.

Até agora nos referimos ao coração como porta de entrada espiritual. Contudo, a pineal também recebe impulsos espirituais. As forças espirituais que ela recebe são acolhidas nas cavidades cerebrais.

As sete cavidades cerebrais

A anatomia diferencia no cérebro quatro ventrículos, que são cavidades cerebrais onde se encontra o liquor, o líquido cefalorraquidiano.[2] Contudo, supomos que, ao todo, devem diferenciar-se sete cavidades, que chamaremos as sete cavidades cerebrais.

Trata-se aqui dos dois ventrículos laterais e do terceiro ventrículo; a fossa pituitária é a quarta cavidade craniana; a quinta encontra-se ao redor do corpo mamilar, a sexta é o espaço ao redor da pineal, e a

[2] Também chamado de fluido cerebrospinal (N.E.).

sétima corresponde ao ventrículo situado debaixo do cerebelo.

As sete cavidades cerebrais

Os conhecidos sete chacras no ser humano e os sete planetas clássicos da astrologia são expressão das sete energias espirituais existentes. Essas energias guiam o ser humano e, em seu aspecto mais elevado e puro, impulsionam-no à renovação, tornando possível o processo de transformação necessário para isso. Essas forças espirituais são acolhidas especialmente pelas sete cavidades cerebrais. Ali elas acendem uma luz sétupla.

Os quatro ventrículos cerebrais

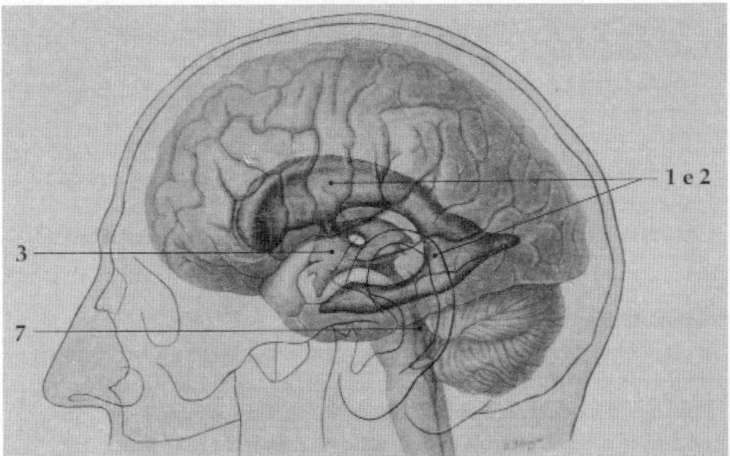

1 e 2. Primeira e segunda cavidades cerebrais: dois ventrículos laterais.
3. Terceira cavidade cerebral: terceiro ventrículo.
7. Sétima cavidade cerebral: quarto ventrículo.

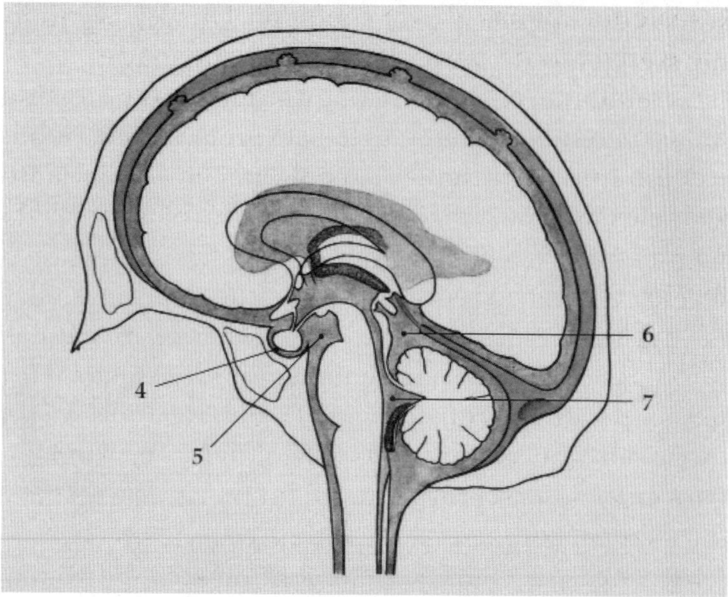

As cavidades de liquor

4. Quarta cavidade cerebral: fossa pituitária.
5. Quinta cavidade cerebral: espaço ao redor do corpo mamilar.
6. Sexta cavidade cerebral: espaço ao redor da pineal.
7. Sétima cavidade cerebral: quarto ventrículo.

O líquido cefalorraquidiano encontra-se nas cavidades cranianas e na medula espinhal; ele envolve o cérebro e a medula. O cérebro está completamente rodeado de líquido; ele praticamente "nada" nesse líquido. Portanto, não é suportado pelo osso craniano, mas "nada" em um líquido aquoso. Dessa forma, torna-se muito leve e sustenta apenas 4% de seu peso. De algum modo, ele é aliviado de parte da força de gravidade.

Geralmente, o líquido cefalorraquidiano é considerado como substância-tampão para proteção do cérebro e como fluido nutriente. No entanto, provavelmente sua relevância seja maior do que a que lhe é atribuída no presente. Acreditamos que isso se deva ao fato de o tecido cerebral ao redor dos ventrículos ser mais vital. Ali é mais potente o processo de formação de células nervosas do que nos demais tecidos cerebrais. Um livro atual de neurofisiologia (Trepel: *Neurofisiologia*) menciona que as cavidades do fluido cerebrospinal e o próprio fluido cerebrospinal foram caracterizados, há séculos, como sede da alma e do espírito.

Investigações científicas descobriram que as células cerebrais despejam substâncias de transmissão no líquido cefalorraquidiano. Isso sugere que o líquido cefalorraquidiano e os ventrículos também tenham a função de comunicação, no sentido de informação para as células nervosas. Assim, pode-se dizer que os espaços do líquido cefalorraquidiano são espaços de comunicação.

Naturalmente o líquido cefalorraquidiano é constituído sobretudo de água. A água é muito magnética. Absorve com facilidade outras forças e permite, inclusive, que sua estrutura seja modificada por elas. Em certas investigações científicas sobre homeopatia, foi possível demonstrar que, por meio de suas ligações de hidrogênio, a água pode assumir estruturas diferentes, de acordo com a substância em questão.

Ela recebe, portanto, as qualidades e as forças ativas de outras substâncias melhor do que qualquer outra estrutura corporal, além de também poder transmitir a força assimilada.

Descrevemos anteriormente as sete cavidades cerebrais. Do mesmo modo como se conhecem sete chacras no ser humano e a astrologia distingue sete planetas clássicos, assim também, por analogia, existem sete energias espirituais que impelem o ser humano à transformação e a possibilitam. Essas energias espirituais, esses sete raios, são captadas pelas sete cavidades cerebrais. Ali, as sete energias acendem sua luz.

No quarto capítulo, saberemos algo mais sobre esse processo da luz.

O pensamento e a inspiração

Deixando de lado a anatomia, voltemos a atenção agora ao que diferencia essencialmente o ser humano do animal: o pensamento. Tudo em nosso mundo é parábola, símbolo de processos espirituais. Estes refletem-se nos processos materiais e, ao fazê-lo, plantam as sementes para um desenvolvimento ascendente. A condição para isso é que as respectivas estruturas orgânicas se tornem um espelho apropriado, purificado e claro para a luz espiritual.

Esse espelho purificado somente pode surgir por meio de uma transformação alquímica. A esse respeito também é válida a frase: morre e transforma-te!

A consciência da tridimensionalidade deve ser substituída pela consciência de uma dimensão superior, a dimensão da sabedoria, do amor e da força. O que isso significa em relação ao pensamento? Em relação ao pensamento, fala-se com frequência de inspiração. A origem dessa palavra é o termo latino *inspirare,* que significa inspirar. Na verdade, também é possível falar-se do pensamento como uma "inspiração" no sentido de respiração.

Um pensamento renovado pressupõe uma inspiração de novas forças. Mediante a inspiração recebe-se, em um instante, uma imagem. Esta manifesta-se diante de nós como uma visão, como uma estrutura de linhas de força. A imagem de uma realidade espiritual reflete-se em nós de forma concreta.

Segundo a antiga sabedoria (por exemplo, a de Paracelso), existe estreita relação entre os planetas, os órgãos e os metais. Também aqui rege a lei hermética "o que está em cima é como o que está embaixo", isto é: tal como no macrocosmo, assim é no microcosmo, no ser humano. Com base em seus conhecimentos, diversos autores (como Rudolf Steiner ou Paracelso) descreveram essa correlação.

Quando há muito tempo o planeta Mercúrio ativou na terra o metal mercúrio, ao mesmo tempo surgiram, no desenvolvimento humano, os pulmões. Desse modo, existe uma relação planetária entre Mercúrio, o planeta, o metal mercúrio e os pulmões. Por isso, podemos chamar os pulmões como órgãos de Mercúrio. Do mesmo modo que Mercúrio se associa aos pulmões, também o cérebro é associado, desde tempos antigos, com a lua e a prata.

Observemos agora mais de perto os metais prata e mercúrio, para compreendermos melhor a força dinâmica que neles opera. A prata vem sendo utilizada até hoje para fabricar espelhos. Nenhum metal nos mostra uma imagem refletida com maior nitidez, sem maquilagem, como um espelho de prata.

O córtex cerebral, que circunda as estruturas cerebrais mais antigas como um espelho parabólico, também mostra reflexos. Ele reflete processos de percepção. Reflete no interior acontecimentos percebidos exteriormente. Na neurociência, fala-se, neste contexto, de neurônios-espelho.

Em analogia com o processo da prata, pode-se denominar o cérebro de órgão lunar. Para ser mais exato, deve-se falar de um antigo e de um novo processo lunar. O antigo processo lunar causa a reprodução, reflexos, cópias. O antigo pensamento cerebral serve para refletir, manter e "copiar", isto é, para dar continuidade ao consolidado no passado. Na antiga luz da consciência, o pensamento lunar cerebral é um pensamento da memória. Por mais importante que esse pensamento da memória seja na vida cotidiana, ajudando-nos a economizar muita energia pela rotina exercitada, por exemplo, ao dirigir, ao cozinhar e ao realizar as atividades profissionais, os seres humanos não deveriam ficar parados nisso.

Para uma verdadeira inspiração é preciso um novo pensamento cérebro-lunar que se oriente pelas forças do espírito. Ele desata-se dos padrões egocêntricos de pensamento, abrindo-se, assim, para a luz que se eleva do coração. O novo processo lunar torna o cérebro receptível a novas inspirações. Contudo, conscientizemo-nos do seguinte: a verdadeira inspiração, as visões do espírito nunca podem ser forçadas. Serão sempre um dom do espírito.

Para compreender todo o potencial das imagens inspiradas pelo espírito e atuar de acordo com as novas dimensões, é necessário fazer uma análise que deve ocorrer à luz espiritual do coração.

O cérebro como órgão assim como o reflexo de imagens interiores são funções lunares. Não obstante, o pensamento como processo dinâmico e criativo é uma função mercurial.

O que queremos dizer com isso? O planeta Mercúrio é o mais rápido dos planetas no sistema solar. De todos os planetas, Mercúrio é o que tem a órbita mais próxima do sol. O metal ouro, associado ao sol, sempre foi conhecido como símbolo do espírito. Portanto, Mercúrio tem uma relação muito próxima com o sol e com o espírito. Na mitologia grega, Mercúrio é o mensageiro dos deuses, isto é, ele une o céu e a terra, o espírito e a matéria. Enquanto metal, o mercúrio é muito móvel, extremamente vivaz. O menor tremor ou movimento faz com que entre em vibrações sutis. É um metal líquido que se divide muito rapidamente em bolinhas diminutas, que voltam a juntar-se com a mesma rapidez (quem já quebrou alguma vez um termômetro de mercúrio sabe disso).

É o único metal líquido que se evapora em temperatura ambiente com extrema facilidade. Aparece ao mesmo tempo, portanto, em dois diferentes estados físicos: líquido e gasoso. O mercúrio tem forte efeito catalisador quando finamente atomizado, acelerando assim a ligação de outros elementos.

De todos esses fenômenos resulta o seguinte: os processos mercuriais são muito dinâmicos e próximos do espírito, recebem impulsos muito sutis e transmitem-nos. São mediadores, isto é, acolhem e transmitem, dissolvem e ligam. Reconhecemos aqui o princípio alquímico *solve et coagula*.

Para ser mais exato, é preciso diferenciar no pensamento um Mercúrio inferior e um Mercúrio superior. Na mitologia, Mercúrio é conhecido como o deus dos médicos, comerciantes e ladrões. Em tempos antigos, os comerciantes levavam mercadorias, materiais novos e desconhecidos ou tesouros, de uma parte do mundo para outras. Sua tarefa, portanto, era a de transportar, colocar em circulação e transmitir notícias também, unindo assim as diferentes partes do mundo.

Se isso é feito apenas para enriquecimento próprio, em benefício próprio, então predomina o Mercúrio inferior, o Mercúrio dos ladrões. No caso ideal, no entanto, o comerciante é o elo que faz a compensação entre abundância e carência.

Caso cumpra essa missão de forma altruísta, ele coloca-se à serviço da humanidade. A atividade do verdadeiro médico é o serviço ao ser humano para sua cura. Em sua forma suprema, trata-se da cura interior, da religação do ser humano com o espírito. Esse é o Mercúrio superior.

Como atuam os processos do Mercúrio superior no ser humano? Manifesta-se um novo poder do pensamento, um "conhecimento de primeira mão". Ou seja, o ser humano é unido à essência divina, ao conhecimento absoluto que tudo abarca.

Princípios nucleares da alquimia

O processo divino de criação, a renovação espiritual e a alquimia têm como base os mesmos princípios universais. O princípio básico da alquimia é *solve et coagula,* dissolve e coagula, ou "morre e transforma-te". Trata-se de processos no fluxo contínuo da água viva. Hermes Trismegisto descreve esse processo no décimo primeiro livro do *Corpus Hermeticum* (Sobre a razão e os sentidos):

Porque a percepção e a faculdade de pensar do mundo, criadas com o intuito de ser instrumentos da vontade de Deus, dão forma a todas as coisas e as fazem dissolver-se novamente, para que... produzam todas as coisas segundo sua própria tarefa e vocação, dando-lhes, ao dissolverem-nas novamente, a renovação... fazendo-as manifestarem-se de modo diferente.

Processos contínuos de transformação de formas existentes em novas sustentam todos os processos vitais e todos os desenvolvimentos superiores. A dissolução e a reformulação permitem uma renovação contínua, e o que se subtrai a isso cai do fluxo da vida e cristaliza-se. Como o processo divino de criação impulsiona adiante sem cessar, o cristalizado desmorona-se e causa impureza, doença e morte. O regresso ao processo de criação original, à regeneração, deve começar, portanto, com a purificação, uma das tarefas mais importantes da alquimia. A prática alquímica conhece diferentes procedimentos, tais como a calcinação, a sublimação ou a destilação. São processos de purificação que ocorrem na força acrisoladora do fogo. De modo semelhante, os processos de purificação da alma acontecem na força acrisoladora do fogo espiritual. O objetivo da verdadeira alquimia é a união (casamento, *religio*) da alma purificada (mercúrio), com o espírito (enxofre), para criar um filho/uma filha, um novo corpo imortal (sal). Todas as formas da matéria são ideias que tomaram forma, são forças e processos. Isso também diz respeito ao organismo humano e, especialmente, ao cérebro. A anatomia do cérebro serve de base tanto para as funções racionais como também para o processo de renovação espiritual. A alquimia em sua forma suprema, portanto, é um processo de transformação interior que abrange o espírito, a alma e o corpo.

Página do *Mutus Liber* (O livro mudo)

A anatomia do cérebro à luz das núpcias alquímicas de Christian Rosenkreuz

Roger Kalbermatten

A renovação e a libertação espiritual do ser humano da sua vinculação material compreende não somente a transformação da alma e do espírito, como também a transformação do corpo e de suas funções, como indicaram os capítulos anteriores. Devemos considerar corpo, alma e espírito sempre como uma trindade, pois a mudança de um deles não é possível sem a mudança dos outros dois.

Imaginemos mais uma vez os conceitos de espírito, alma e copo, definindo-os de forma simples. Ao fazê-lo, não esqueçamos que existem diferentes espíritos e, de forma correlata, diferentes almas e corpos.

A trindade espírito, alma e corpo

Comecemos com o homem original que vive da ligação consciente com o espírito de Deus. O espírito de Deus é a fonte primeva de onde tudo provém e para onde tudo retorna. É a energia original da qual nascem todos os impulsos e forças. O espírito divino é eterno e inesgotável. A alma no estado original é a mediadora entre espírito e corpo, recebendo os impulsos do espírito e transmitindo-os ao corpo. Ela é o elo energético entre espírito e corpo, a força vivificante, mobilizadora e conscientizadora do corpo.

O corpo no estado original é a realização, a manifestação do plano divino. Ele é o instrumento para colaborar na criação divina. Pela ligação com o espírito eterno, a alma original e o corpo original são imortais.

Essa criação original contrasta com o ser humano atual, tal como o conhecemos. Ele não vive da ligação direta e consciente com o espírito divino, mas é determinado pela energia e pela estrutura do cosmo, pelo sistema solar e pelo zodíaco.

Por essa razão, a alma atual é a ligação entre o cosmo e o corpo. Ela recebe as informações do cosmo e as transmite ao corpo. No entanto, a alma não recebe a energia diretamente do sol, mas sim mediante alimentação vegetal e por intermédio do corpo. Quem se dedica à astrologia sabe que a estrutura da alma é influenciada pelo cosmo, e quem observa a si mesmo sabe que a energia da alma depende primariamente da vitalidade do corpo.

O corpo atual é a manifestação de vida biológica que se desenvolveu pela evolução, ao longo de milhões de anos, e que se mantém pelo processo de reprodução. Como a alma atual não tem ligação imediata e consciente com o espírito, ela é perecível, assim como o corpo atual.

A trindade espírito, corpo e alma não se refere apenas ao ser humano, mas também ao tríplice princípio de manifestação válido universalmente, denominado na alquimia de súlfur, mercúrio e sal. Súlfur (enxofre) é inflamável e representa o espírito; mercúrio é tanto líquido quanto gasoso e representa a alma; e sal é tanto sólido quanto solúvel e representa o corpo. Em todo o processo de criação age essa trindade. Ela está contida em tudo o que é criado: súlfur, o espírito, é a energia, o combustível; mercúrio, a alma, é o elemento inflamável e refletor; e sal, o corpo, é o resultado da combustão e está contido nas cinzas.

Os capítulos anteriores mencionaram que o centro energético do ser humano natural é um fogo metabólico que arde nos órgãos vitais da região do ventre. O calor desse fogo irradia no coração criando desejos e emoções, e a luz desse fogo reflete-se no cérebro, possibilitando o pensar. Isso significa que esse fogo não somente alimenta o corpo, mas também a vida anímica do ser humano atual.

Todavia, a vida anímica, que tem sua base no fogo metabólico das regiões do ventre e da pelve, nunca pode ser o ponto de partida para uma evolução espiritual, pois tal fogo tem somente a finalidade de manter o corpo. Por isso, a senda espiritual tem início — tal como foi descrito — com o deslocamento da fonte energética da alma do centro da pelve para o coração.

O desenvolvimento espiritual apenas começa se o fogo do espírito eterno foi inflamado no coração e sua luz é refletida no cérebro. Examinamos os processos da ascensão do novo fogo espiritual para a cabeça, acompanhamos como a hipófise fica sob seu controle e o terceiro olho, situado na fronte, começa a irradiar. Quando se atinge esse estágio, o estado da alma já não depende do corpo e das circunstâncias externas, como anteriormente.

Ainda que esse estado seja bem elevado, ele ainda não significa uma libertação estrutural, isto é, não houve ainda o renascimento do imortal, que é a elevada meta do desenvolvimento humano. Renascimento significa a formação de um ser totalmente novo, de um corpo novo e imortal. Tal criatura não pode surgir com base no antigo ser; ela também não aparece de repente, mas primeiro precisa ser concebida.

O processo do renascimento

O primeiro passo de cada processo de gênese é a concepção pela união de dois princípios polares. Isso é válido não apenas para seres humanos, animais e plantas na natureza por nós conhecida, mas também na vida perfeita e eterna. Deus somente pode manifestar-se pela dualidade criadora do pai original e da mãe original. Essa dualidade manifesta-se em todos os planos e em todas as regiões cósmicas.

No mundo perfeito, os polos apresentam-se como unidade, enquanto na nossa natureza imperfeita estão separados e, por isso, alternadamente se complementam ou se combatem.

A díade é indicada como espírito e alma, fogo e água, sol e lua, súlfur e mercúrio, *yang* e *yin*, masculino e

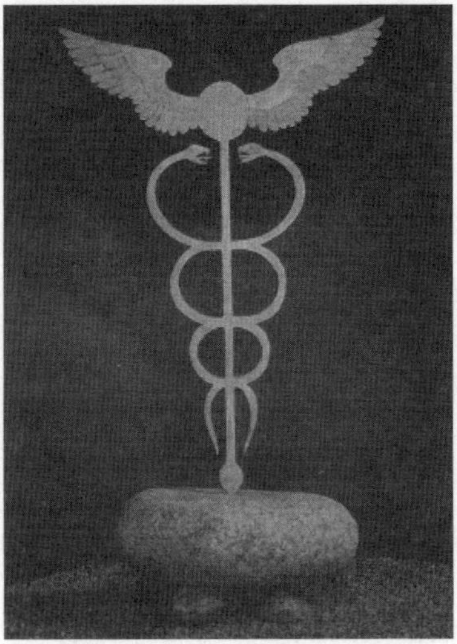

O caduceu de Mercúcio,
símbolo do homem
alma-espírito

O conceito "Hermes" ou "Mercúrio" designa o homem em quem a nova consciência anímica despertou, o homem para quem a sabedoria divina se abre e que, portanto, eleva o santuário da cabeça à sua mais sublime vocação. Mas essa vocação não pode ser realizada se o aluno não aprender antes a abrir em silêncio o seu coração ao espírito.

(RIJCKENBORGH, Jan van. *A Gnosis original egípcia*. 3. ed. Jarinu, SP: Lectorium Rosicrucianum, 2011. t. 1, cap. 29, p. 230.)

feminino, etc. Da conjugação de ambos resulta um terceiro, uma criação.

Quando nos referimos ao despertar do princípio espiritual no coração, do núcleo da alma imortal, que os rosa-cruzes denominam "rosa-do-coração", indicamos o polo feminino do espírito. Seu oposto é o polo espiritual masculino, a mônada, que corresponde à glândula pineal no cérebro.

O caminho começa, assim, com a libertação do núcleo feminino do espírito no coração, a semente da alma original eterna. Ela desperta de seu estado latente, de seu "sono de Bela Adormecida". Após seu despertar no coração, a nova alma ascende à cabeça e fixa-se na hipófise. Contudo, uma real transformação para a libertação somente é possível quando o polo masculino se une ao polo feminino em um processo alquímico, surgindo assim desse casamento um novo corpo etérico imortal.

Antes que esse casamento possa ser consumado, os conceitos mentais e as imagens acumulados até então precisam ser dissolvidos. Talvez seja perturbador saber que o programa que conduziu o candidato aos mistérios até esse elevado estado espiritual precise ser dissolvido para que ele possa progredir em seu desenvolvimento. Somente poderemos compreendê-lo aprofundando-nos nas características e nas funções das imagens anímicas no cérebro.

Existe uma analogia entre alma, consciência, cérebro, lua, prata e água. Precisamente como a luz solar se reflete na lua, em um espelho de prata e na água de um lago, os impulsos espirituais, as percepções sensoriais e os pensamentos são refletidos e projetados na alma, ou seja, na consciência e no cérebro.

As imagens da percepção, os pensamentos e os sentimentos são gravados no córtex cerebral. Este, que é a maior parte do cérebro, funciona como um espelho que não apenas reflete as imagens, mas também as armazena. O córtex cerebral é capaz de memorizar um número praticamente ilimitado de imagens e de interligá-las, criando desse modo, novas imagens. Todas as percepções, os pensamentos e os sentimentos vividos deixam suas marcas no córtex sob a forma de bilhões de sinapses.

Além disso, por ocasião do nascimento, a essência das existências passadas, a constelação astrológica, é transmitida ao cerebelo. Ali ela exerce durante toda a vida sua influência como pano de fundo, a menos que seja dissolvida por meio de uma libertação espiritual estrutural.

Por "imagens" entende-se não somente as que aparecem como figuras, mas também as estruturas de palavras e de sons, formas de pensamento e padrões emocionais. É especialmente significativo que nossa concepção do mundo e nosso sistema de valores sejam baseados na visão, na audição e no sentido do tato. Isso se evidencia em termos como *Einsicht* em alemão (entendimento ou discernimento como forma de "introvisão"), clareza, visão geral, ressonância, harmonia e lógica (logos = verbo). Ou ainda em outros verbos alemães que significam entender, cuja raiz está ligada aos sentidos: *begreifen, erfassen* e *verstehen*. Como veremos mais adiante, são essas imagens e estruturas que precisam ser dissolvidas, na decapitação simbólica anterior às núpcias alquímicas. Contudo, dependendo das impressões sensoriais em que se baseiam, elas possuem uma qualidade totalmente diferente.

Agora estabelecemos a base para a definição do eu inferior, do ego: ele é a totalidade de todas as imagens, de todos os padrões mentais e emocionais do passado. É a estrutura do passado individual, incapaz de perceber uma nova experiência de forma objetiva e independente, pois, instantaneamente, cada percepção entra em relação com as imagens interiores do passado, sendo avaliada e interpretada com base nisso. Pela atividade dos órgãos sensoriais o ego não recebe nenhuma representação objetiva da realidade, mas uma projeção das imagens interiores diante de manifestações exteriores, uma interpretação que remete o novo ao que já é conhecido.

As imagens são, como dissemos, um aspecto da alma, e visto que a alma é o elo entre o espírito e o corpo, ou seja, entre o impulso espiritual e a realização na matéria, as imagens devem ter uma função-chave na execução de ideias. São o meio para a realização dos impulsos espirituais.

Tudo o que vem à existência segue um processo tríplice:

1.º existe o impulso espiritual, que fecunda a alma;
2.º a alma recebe o impulso, e surge uma imagem, uma estrutura de linhas de força;
3.º a imagem é realizada na matéria por essas linhas de força.

Seja o que for que queiramos realizar neste mundo, somente obteremos sucesso se tivermos uma imagem, uma noção clara disso. Quanto mais viva for essa imagem, quanto mais ela estiver de acordo com as leis e as possibilidades da realidade, maior será a chance de sucesso. Por "viva" entendemos que a imagem deve ser sempre flexível e capaz de adaptar-se. Uma imagem viva exerce uma força mágica e compele à realização. No entanto, nem toda a imagem pode ser concretizada na realidade.

Mundos mentais ilusórios

É possível realizar uma imagem de outra forma que não seja na realidade? Sim, podemos realizá-la em um mundo mental ilusório!

A vontade é a força criadora da consciência, o agente mágico para a realização, que cria as realidades. De que tipo são essas realidades? Primeiro há realidades exteriores, que se consubstanciam no mundo exterior por atos conscientes. Em segundo lugar, há imagens-pensamentos. Elas são criadas pela vontade, ao voltar o pensamento para um objeto concreto ou abstrato. Portanto, criamos duas formas de realidades pela vontade: objetos exteriores e imagens interiores, sendo que estas últimas se tornam parte de nós.

Criando-se imagens interiores pela vontade, o eu cria a si mesmo e mantém-se. Para romper esse circuito degenerativo, "incestuoso", é necessário um novo fogo proveniente do núcleo espiritual do coração. Mediante o novo fogo são criadas novas imagens.

Com o auxílio dos ensinamentos de seres iluminados ou grandes filósofos e da energia do novo fogo surge uma visão do ser humano ideal. Formam-se na alma uma imagem da verdade e uma ideia do caminho para atingir a meta elevada. Essa imagem contém a força para dar os primeiros passos.

No entanto, devido à sua idealidade, tal imagem está tão acima da realidade do estado de vida atual que apenas pode ser concretizada em parte. Contudo, como toda a imagem precisa ser realizada, tudo o que não é convertido no mundo real acaba por consolidar-se no mundo mental.

Ou seja, a imagem da senda e do ser humano ideal toma contornos cada vez mais claros, vai sendo aprimorada, mas — prestemos atenção especial — com isso se torna também sempre mais imóvel, mais inflexível. Finalmente, ela fica tão rígida que se pode falar de um edifício intelectual, no qual o sujeito, o eu, consegue movimentar-se e viver como dentro de uma verdadeira casa. Assim, cria-se um mundo mental fictício, cuja estrutura é formada pelos ideais não realizados na matéria. Muitas vezes o candidato já não consegue diferenciar entre a imagem mental e o que foi consumado na realidade. Desse modo é que surgem as discrepâncias mais estranhas entre o discurso e a ação que observamos muitas vezes em nós mesmos e de maneira muito melhor nos outros.

E agora vem o decisivo: logo que uma imagem no mundo mental apresenta contornos sólidos e, portanto, cristalizou-se, isto é, criou um mundo ilusório, ela perde a força para ainda movimentar algo no mundo real. Assim que acreditamos ter entendido uma doutrina espiritual, ela perde sua força, e sobrevém um perigo: a ilusão de já haver realizado o que ela indica.

Por isso, existe apenas uma possibilidade para evitar-se que o ideal deslize para a ilusão: dissolver a imagem ideal, o que apenas pode acontecer pelo fogo do espírito. Em outras palavras, o mesmo fogo que deu impulso a uma imagem ideal, elevada e espiritual tem de dissolvê-la de novo após certo tempo. Trata-se então de aceitar esse processo. Esse é o significado do axioma hermético "tudo receber, tudo abandonar e, assim, tudo renovar". Um ser humano com aspiração espiritual precisa estar disposto a abandonar, sempre de novo, cada imagem sublime da verdade espiritual construída nele pelo espírito e deixá-la morrer. Um progresso na revelação espiritual somente é possível quando novas imagens e novos entendimentos substituem os antigos, pois somente o novo tem força.

Isso também pode ser comprovado de forma irrefutável por meio de modernos métodos de investigações neurobiológicas. A consciência armazena todas as imagens conhecidas em determinados campos específicos na memória e passa à ordem do dia. Somente imagens que o cérebro registra como desconhecidas, como novas, prendem nossa atenção e liberam energia suficiente para causar uma ação. Para que o desenvolvimento atinja uma fase mais elevada, portanto, é preciso haver contínua dissolução e reformulação das estruturas mentais. Na alquimia, tal processo é designado como *solve et coagula* (dissolve e liga), ou morre e renasce.

A anatomia da libertação

Chegamos agora ao tema "a anatomia da libertação". No processo de libertação espiritual, ou seja, estrutural, o cérebro exerce as funções tanto de túmulo como de salão nupcial, além de ser também o ventre ou solo fértil para o nascimento; enquanto o próprio alquimista, isto é, o candidato à libertação, atua como obstetra ou parteiro.

No túmulo são dissolvidas as imagens; no salão nupcial se processa a ligação entre espírito e alma, e no solo fértil ocorre a criação do corpo etérico imortal.

Após analisar em profundidade o grande significado da dissolução das imagens como processo preparatório para as núpcias alquímicas, podemos estudar as estruturas anatômicas do cérebro, onde deve acontecer essa morte. Para isso baseamo-nos nas seguintes fontes:

1. *As núpcias químicas de Christian Rosenkreuz.* Trata-se de um mito de iniciação, um texto inspirado de Johann Valentin Andreæ, que data de 1616.
2. A análise esotérica de *As núpcias químicas* acima mencionadas, de Jan van Rijckenborgh, fundador da Escola Espiritual da moderna Rosa-Cruz, intitulada *As núpcias alquímicas de Christian Rosenkreuz,* em dois volumes.

As núpcias alquímicas são, como já mencionado em diversas ocasiões, a união entre o espírito e a alma, entre enxofre e mercúrio. Primeiro é preciso substituir o antigo enxofre por um novo mercúrio. A esse respeito, recordemos o inflamar do novo fogo anímico no coração, que substitui o velho fogo do ventre. Depois o velho mercúrio deve ser purificado na cabeça. Trata-se aqui da dissolução das imagens.

Assim, não ocorre uma purificação do antigo enxofre, a vontade do ego, mas uma transformação, uma morte do antigo fogo e o nascimento de um novo fogo. O fogo anímico do coração (mercúrio) substitui temporariamente o fogo espiritual, e, dessa forma, o antigo enxofre não consegue unir-se a ele.

Esse processo encontra sua expressão também no plano anatômico e químico. A força de vontade do ego manifesta-se materialmente no sangue, mais precisamente, no ferro do sangue. O ferro é o mensageiro terreno de Marte, o planeta da vontade. Mercúrio, a alma, e o verdadeiro pensar têm sua sede no cérebro. Para impedir que o mercúrio seja envenenado pelo antigo enxofre, o cérebro coloca uma barreira fundamental contra o sangue. Essa é a razão espiritual para a existência da barreira hematoencefálica, citada no capítulo anterior.[1] O cérebro mantém o sangue distante de si pois não o suporta, porque, se entra sangue no cérebro, no caso de uma hemorragia cerebral, as células nervosas são inevitavelmente destruídas.

---

[1] Ver p. 73.

Essa lei espiritual reflete-se também nas propriedades químicas dos elementos em questão: o mercúrio não pode unir-se ao ferro. Todos os demais metais planetários, como a prata, o ouro, o cobre, o estanho e o chumbo, podem ser dissolvidos pelo mercúrio, isto é, podem ser amalgamados, mas não o ferro. É devido a isso que o fogo metabólico dos órgãos do ventre não pode unir-se à alma, "casar-se" com ela, mesmo encontrando-se em um estado de sublimação, como o que se pretende alcançar por meio do humanitarismo e da cultura. Somente o ouro do novo fogo espiritual na glândula pineal pode ligar-se ao mercúrio do novo fogo anímico na hipófise.

Como próximo passo, segue-se a purificação do mercúrio, a dissolução das imagens. Observemos agora onde acontecem a dissolução e a formação das imagens na anatomia. Trata-se das imediações da glândula pineal.

A glândula pineal localiza-se na parte superior da lâmina quadrigêmea, que forma a parede posterior do terceiro ventrículo. Na lâmina quadrigêmea se encontram os dois colículos superiores e os dois colículos inferiores. Os superiores são de coloração mais escura que os inferiores e estão envolvidos nos reflexos visuais. Os dois colículos inferiores estão envolvidos com a via auditiva.

A lâmina quadrigêmea é o centro sensorial mais importante no exterior do córtex cerebral. Em todos os animais, com exceção dos mamíferos, é nesse centro que ocorre a integração sensorial mais importante. Isso significa que os estímulos sensoriais são processados sobretudo nessa região cerebral nas espécies mais primitivas de animais, que ainda não possuem um córtex tão desenvolvido como o dos mamíferos.

Como é de nosso conhecimento, não percebemos o mundo objetivamente como ele é, mas formamos uma imagem da realidade mediante os estímulos sensoriais recebidos e que são integrados ou agrupados no cérebro. Os centros primários que exercem essa função localizam-se, portanto, na lâmina quadrigêmea, a qual se encontra imediatamente abaixo da glândula pineal. Ali existem camadas sensoriais para a visão, para a audição e para a sensação corporal. Nos colículos acontece uma primeira integração das percepções sensoriais, sendo formadas e guardadas as primeiras imagens ou "mapas". Esses padrões, essas "fotografias", essas imagens das diferentes impressões sensoriais, são colocados uns em cima dos outros, para depois serem cotejados. Aqui se encontram os padrões de referência, por meio dos quais são comparadas todas as nossas percepções sensoriais.

Qual é, pois, a diferença do processamento de imagens no córtex cerebral, que é infinitamente mais complexo, e nos colículos? Poder-se-ia dizer que o córtex cerebral armazena os detalhes de nossas experiências, e os colículos, a essência, o extrato das experiências. Desse fato deduz-se que os colículos têm uma função eminente no processo de desenvolvimento espiritual, pois aqui se encontra a chave para nosso sistema de valores.

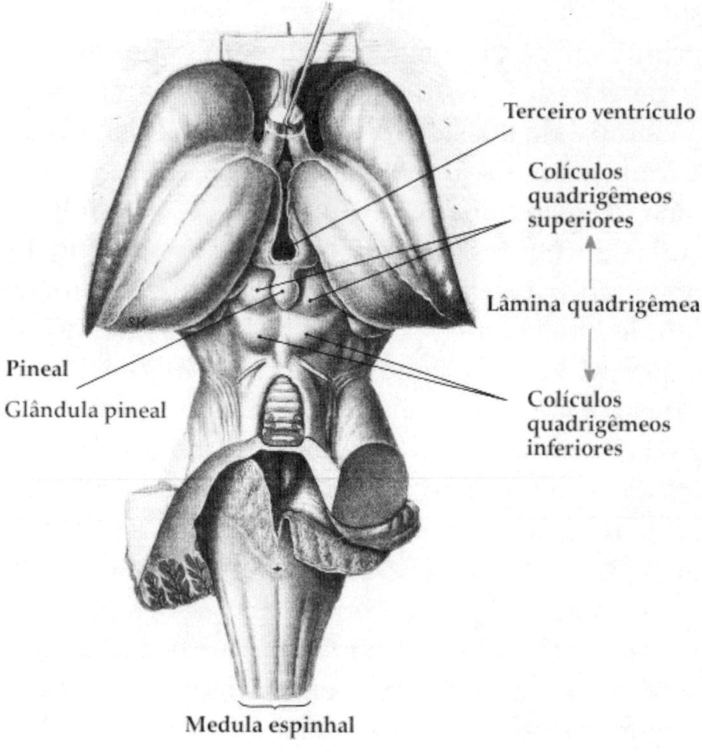

O espaço da pineal

A pineal é o foco de consciência do espírito. Em suas imediações está localizada a lâmina quadrigêmea, formada por dois colículos superiores e dois colículos inferiores. Neles há pontos importantes para comutação de informações ópticas e acústicas provenientes dos olhos e do ouvido. Ver e ouvir exercem uma influência dominante sobre a consciência.

Portanto, nos dois colículos superiores são transmutadas e processadas as informações ópticas, e nos dois inferiores, as informações acústicas, enquanto as sensações táteis são integradas em outras camadas da lâmina quadrigêmea. Ou seja, aqui se trata do processamento da luz, do som e das sensações corporais.

Já nos referimos ao grande significado das estruturas ópticas, acústicas e espaciais na formação de nosso conceito do mundo e de nosso sistema de valores. Qual é a essência da luz e do som? O olho percebe pelo reflexo da luz somente o lado exterior das coisas. A luz perceptível aos olhos não pode transmitir-nos informações sobre o interior das coisas, e a luz espiritual não é perceptível por meio dos olhos.

Duas coisas de qualidades totalmente diferentes podem parecer idênticas. Um exemplo: com os olhos não conseguimos perceber a diferença entre um verdadeiro sino de bronze e uma imitação de plástico, ainda que idêntica em forma, cor e brilho. Desse modo, estamos muito propensos a enganos e erros por meio da percepção luminosa.

Mais cedo ou mais tarde, enganos e ilusões sempre acarretam decepções. Toda a esperança destruída, o cálice cheio de amargura que o ser humano teve de esvaziar em seu longo caminho errante... não são eles definitivamente as consequências de sua sedução pelo exterior das coisas, por sua aparência?

Em contrapartida, o som é de uma qualidade totalmente diferente. Por meio do som percebemos algo do interior, da essência da fonte. Voltemos novamente ao exemplo do sino de bronze e sua imitação. Pelo som consegue-se distinguir os dois com certeza, pois o som engana-nos muito menos do que a luz, por vir do interior das coisas. Por isso, o espírito fala-nos em primeiro lugar pelo Verbo. No prólogo do evangelho de João lemos: "No princípio era o Verbo". Pelo Verbo, pelo som, conhecemos a qualidade, a essência das coisas e podemos reconhecer o bom e o verdadeiro. Quando nos guiarmos pelo som, não pelo ruído das muitas palavras, mas pelo som que ressoa do centro de todos os seres, então atingiremos experiências significativas e maturidade.

Abordemos agora a natureza das sensações corporais, o sentido do tato. Já nos referimos várias vezes ao princípio espiritual no coração. Como perceber essa voz do espírito? Algumas vezes também se fala de voz da consciência. Como a percebemos, com qual sentido? Ouvimos a voz interior pelo sentido da audição, pelo ouvido? Não, com certeza não. Inteiramo-nos da voz interior, a voz do núcleo espiritual, pela sensação corporal, pelo tato.

Se sondarmos profundamente nosso ser interior, descobriremos que existem diferenças mínimas de pressão e tensão na região do coração, pelas quais é possível perceber o que coincide com as leis universais da vida e com a verdade, e o que não está de acordo com elas. Por conseguinte, a sensação corpórea, o tato, abre-nos um portal muito mais direto que o ouvido para o núcleo das coisas, para o seu teor de verdade. É o portal para o espírito, pelo menos para o início do caminho espiritual, pois depois outras ferramentas sensoriais renovadas ganharão significado.

Correlações com as núpcias alquímicas

À parte da descrição das grandes diferenças apresentadas pela luz, pelo som e pelas sensações corporais quanto à sua essência, gostaríamos de destacar aqui um trecho de *As núpcias alquímicas de Christian Rosenkreuz* que fala de seis personagens reais, sentados em seis tronos. Trata-se da cena-chave do quarto dia dessa narrativa. Por que apresentamos essa cena exatamente agora, nesse contexto? Porque pela explicação de Jan van Rijckenborgh, em sua análise esotérica, o que acontece nessa parte da história está relacionado a processos decisivos nas imediações da glândula pineal. Ele diz, embora com outras palavras, que a imagem dos reis é uma representação simbólica dos processos que transcorrem no espaço da glândula pineal.

Na análise esotérica, Jan van Rijckenborgh[2] interpreta os personagens do seguinte modo: há um rei negro de idade mediana e sua mulher de idade, coberta por um véu. Eles simbolizam o grande cálice cheio de amargura que o ser humano precisou esvaziar ao longo de seu caminho de éons através da matéria e da noite, como símbolo dos muitos pecados e de uma atitude de

---

[2] RIJCKENBORGH, J. van. *As núpcias alquímicas de Christian Rosenkreuz.* 1. ed. São Paulo: Lectorium Rosicrucianum, 1993 e 1996. 2 v.

vida incorreta. E gostaríamos de acrescentar: trata-se de uma colheita de experiências amargas, feitas nos caminhos errôneos, à luz da ilusão.

Temos também um velho rei com barba grisalha e sua esposa jovem e bonita. Esse casal é o símbolo de maturidade e experiência. A soma de todas as experiências está agora à disposição do candidato.

Por isso, vemos ao lado do rei ancião a jovem rainha bonita como personificação de muitas possibilidades novas. E acrescentamos: é uma riqueza de novas possibilidades que surgem ao escutar-se o som das coisas, sua essência.

Existe, assim, na nossa opinião, uma correlação marcante com a anatomia do cérebro na região da lâmina quadrigêmea. O rei negro e sua esposa corresponderiam aos colículos superiores, de coloração mais escura, e o velho rei e sua jovem esposa corresponderiam aos colículos inferiores. O outro casal real no centro da imagem corresponderia, na anatomia, à glândula pineal e à hipófise.

A glândula pineal situa-se acima da lâmina quadrigêmea. A hipófise, localizada na parte inferior do terceiro ventrículo, da terceira cavidade cerebral, está em uma comunicação "líquida" com a glândula pineal por meio do liquor.

As núpcias alquímicas devem realizar-se nos dois personagens reais jovens, situados ao centro, que têm correlação com a glândula pineal e com a hipófise respectivamente. É a união do espírito e da alma, do enxofre e do mercúrio.

Os três casais reais (do livro *As núpcias alquímicas de Christian Rosenkreuz*, v. 2, de Jan van Rijckenborgh).
A imagem mostra o salão nupcial, tal como é descrito por Johann Valentin Andreæ no texto original do quarto dia de *As núpcias químicas.* As personagens dos acontecimentos no salão representam, segundo a análise esotéria de Jan van Rijckenborgh, os processos de transmutação espiritual nas imediações da glândula pineal.

O rei representa o polo espiritual masculino, que corresponde à glândula pineal, e a rainha representa a alma, que corresponde à hipófise renovada. A hipófise representa — repetimos — o coração na cabeça, a nova alma que, após seu nascimento no coração, ascendeu ao salão superior.

Mas antes que as núpcias possam consumar-se, as antigas imagens e os antigos sistemas de valores precisam ser dissolvidos.

Esse processo é descrito no mito *As núpcias químicas de Christian Rosenkreuz* como uma decapitação. As seis pessoas são decapitadas por um homem negro, que depois também é decapitado. Citamos de *As núpcias alquímicas*, v. 2, de Jan van Rijckenborgh:

> *E assim se consuma então a morte misteriosa. No salão superior sete personagens, uma por uma, são decapitadas: as seis personagens régias e a figura misteriosa que teve de executá-las [...]*
>
> *Esse executor da sentença é a vontade do candidato. [...] A vontade em nós é o executor, o fazedor; o fazedor que, junto com os seis outros, permite o próprio perecimento.*

No texto original de Andreæ esse ato é descrito da seguinte forma:

> *[...] logo que as seis personagens foram decapitadas, o homem negro caminhou para fora, seguido por alguém, que também o decapitou justo defronte da porta [...]*

A indicação do lugar é surpreendente: "justo defronte da porta"... Poderia tratar-se aqui da barreira hemato-encefálica? Com tantos homicídios e tanto sangue no relato, não podemos esquecer que se trata de uma alusão simbólica a processos que significam a dissolução, a libertação de estruturas que desde éons selaram a dependência da matéria e do tempo.

Trata-se do mesmo processo que a crucificação de Jesus na colina do Gólgota, termo que significa "Lugar da Caveira". Três cruzes foram erigidas no Lugar da Caveira. Elas simbolizam:

1. a morte do fim natural, a cruz do mal relativo;
2. a morte de João, a morte do bem relativo;
3. sobre a terceira cruz — formada pela hipófise e pela glândula pineal — lemos no livro de Jan van Rijckenborgh: "Essas manifestações da alma e do espírito, que não são de natureza terrena, têm de entrar na forma nascida da natureza e entregar-se prisioneiras a essa forma da morte. Elas também têm de entrar no túmulo da natureza. Assim, o grande sacrificio para ambas é igualmente uma morte".

Então foram cumpridas as condições prévias para as núpcias alquímicas. Na linguagem da alquimia, trata-se do seguinte processo: a união do espírito com a alma, do enxofre com o mercúrio, produz um raio e provoca um fogo. Pelo fogo surgem cinzas, as cinzas contêm sal. O sal das cinzas é dissolvido pelo mercúrio (equivalente à água). Pela união de sal e água obtém-se água salgada, um mar, *mare,* uma *mater,* uma matriz, um útero. Essa matriz contém a estrutura de linhas de força do novo corpo etérico imortal. Assim, das cinzas, ou mais precisamente do sal das cinzas, eleva-se a fênix, o homem espiritual.

Onde está esse mar, essa matriz? Ele corresponde à água do terceiro ventrículo, que une o espírito e a alma, a glândula pineal e a hipófise.

Gostaríamos de limitar-nos a essas alusões, uma vez que explicações mais extensas ultrapassariam o marco deste simpósio.

Encerramos, assim, este capítulo, deixando penetrar-nos a força da imagem da fênix, na consciência de que essa é a meta à qual todo o ser humano é chamado.